Janice Souza Cerqueira

Da literatura afro-brasileira à poesia afro-feminina de Conceição Evaristo

Todos os direitos desta edição reservados à
Malê Editora e Produtora Cultural Ltda.
Direção: Francisco Jorge & Vagner Amaro

Da literatura afro-brasileira à poesia afro-feminina de Conceição Evaristo
ISBN: 978-65-87746-77-7
Capa: Dandarra de Santana
Diagramação: Agnaldo Ferreira da Silva
Revisão: Louise Branquinho

Texto revisado segundo o novo Acordo Ortográfico da Língua Portuguesa.
Proibida a reprodução, no todo, ou em parte, através de quaisquer meios.

Proibida a reprodução, no todo, ou em parte, através de quaisquer meios.

Dados internacionais de catalogação na publicação (CIP)
Vagner Amaro   Bibliotecário   CRB-7/5224

S729p	Cerqueira, Janice Souza
	Da literatura afro-brasileira à poesia afro-feminina de Conceição Evaristo / Janice Souza Cerqueira.
	Rio de Janeiro: Malê, 2022.
	160 p.; 21 cm.
	ISBN 978-65-87746-77-7
	1. Literatura brasileira - história e crítica I. Título
	CDD – B869.9

Índice para catálogo sistemático: 1. Literatura brasileira B869.9

2022
Editora Malê
Rua Acre, 83, sala 202, Centro. Rio de Janeiro
www.editoramale.com.br
contato@editoramale.com.br

AGRADEÇO

A **Deus** pelos cuidados, pelas providências e pelas pessoas preciosas que fazem parte de minha história de vida e que estiveram presentes nessa trajetória.

À minha mãe, **Dilza** (*in memorian*), pelos ensinamentos, pelo amor traduzido em ações.

Às minhas filhas, **Larah** e **Liz** que me encorajam e me ensinam diariamente sobre o que é o amor.

A todas as crianças negras deste país:

Para que se reconheçam como frutos de uma história de luta e resistência;

Para que aprendam a potencializar e valorizar a condição de ser negro;

Para que possam crescer independentes, autônomas e se tornem crianças mais preparadas para lidar com a diversidade;

Para serem possíveis agentes de transformação social, através da luta e do combate ao preconceito racial;

Para colaborar para mais diversidade no campo da representatividade negra;

Para que ampliem sua percepção de futuro;

Para que se vejam de forma positiva, contribuindo no reconhecimento da beleza de seus traços físicos;

Para que tenham garantidos seus direitos a uma vida livre de racismo e a uma educação que lhes permita desenvolver suas potencialidades.

Para que se tornem homens e mulheres conscientes de seu papel de cidadão;

Para que todas as crianças negras tenham a possibilidade de vivenciar sua negritude de forma positiva, estabelecendo a afirmação de sua identidade racial.

Quando eu morder
a palavra,
por favor,
não me apressem,
quero mascar,
rasgar entre os dentes,
a pele, os ossos, o tutano
do verbo,
para assim versejar
o âmago das coisas.

Quando meu olhar
se perder no nada,
por favor,
não me despertem,
quero reter,
no adentro da íris,
a menor sombra,
do ínfimo movimento.

Quando meus pés
abrandarem na marcha,
por favor,
não me forcem.
Caminhar para quê?
Deixem-me quedar,
deixem-me quieta,
na aparente inércia.
Nem todo viandante
anda estradas,
há mundos submersos,
que só o silêncio
da poesia penetra.

(*Da calma e do silêncio,* Conceição Evaristo, 2008)

SUMÁRIO

1. Introdução 9

2. Literatura negra ou afro-brasileira? 14

2.1. A produção literária afro-brasileira 27

2.2. Precursores da literatura afro-brasileira 32

2.2.2. Luiz Gama: o precursor da poesia afro-brasileira 41

3. A literatura afro-feminina: escrita e representações 47

3.1. Identidade, diferença e a constituição do ser feminino 72

3.2. Vozes da poesia afro-feminina na contemporaneidade: Conceição Evaristo, Geni Guimarães e Cristiane Sobral 84

4. A poesia feminina afrodescendente de Conceição Evaristo 94

4.1. A trajetória de Conceição Evaristo e sua escrevivência 114

4.2. Poemas da recordação, da memória e de tantos outros movimentos 124

5. Considerações finais 145

Referências 149

1. Introdução

O estudo que resultou na nesse livro incidiu na compreensão e análise da obra poética da escritora e pesquisadora negra brasileira de maior visibilidade na atualidade, Conceição Evaristo. Temos como principal intuito a análise poética da obra dessa escritora, cujo fazer literário coaduna com o propósito de busca da afirmação da identidade feminina e negra.

Conceição Evaristo é uma escritora bastante versátil. É participante ativa dos movimentos de valorização da cultura e da mulher negra. Autora de poemas, contos, ensaios e romances publicados em países como Alemanha, Estados Unidos, Inglaterra, França e Itália. Dessa autora, escolhemos o texto em verso, pois se acredita que a poesia, sendo uma forma de expressão bastante significativa, torna-se o espaço ideal para a concretização dos propósitos das escritoras negras, permitindo transcender as vivências pessoais e proporcionar um enriquecimento cultural através do (re)conhecimento cultural afro-brasileiro. Nas palavras de Cândido (1996), a poesia é forma suprema de atividade criadora da palavra e dá acesso a um mundo de excepcional atividade expressiva. Desta forma, justifica-se a escolha do texto poético, pois este se constitui em um campo profícuo de sentidos estéticos e existenciais.

O interesse pelo tema se deu durante o curso de graduação em Letras, na Universidade do Estado da Bahia – UNEB (2004-2007), em uma disciplina do curso chamada Estudos Étnicos Raciais, ministrada pelo então professor Jônatas Conceição (1950-2006), que mais tarde se tornou meu orientador e grande incentivador dos meus estudos. Esse foi meu primeiro contato com a literatura que se definia como negra. Ao final do curso foi desenvolvido como trabalho de conclusão um artigo intitulado *Literatura afro-brasileira: resistência e luta pela afirmação e pelo reconhecimento social*, o qual abordou como tema a busca da afirmação social e a construção da identidade na literatura afro-brasileira. Em um segundo momento, em um curso de Pós-Graduação em Linguística Aplicada ao Ensino e Literatura, também pela UNEB, tive a oportunidade de ampliar o trabalho, fazendo uma leitura mais apurada em relação à poesia afrodescendente. No mestrado, optei por trabalhar com a escritora Conceição Evaristo, que, como afirmamos, volta sua obra para questões étnicas e de gênero.

O trabalho adentra um tema pouco explorado, porque, embora a autora já tenha alcançado certa visibilidade dentro e fora do país – o que a torna uma rara exceção no mundo da literatura afro-brasileira, pois paira a invisibilidade sobre a maioria das escritoras negras –, seu romance *Ponciá Vicêncio* e seus contos são mais estudados. Assim, escrever sobre a poesia de Conceição Evaristo é um desafio bastante motivador. Conforme Cândido (1996, p. 11), "há sem dúvidas mais estudos sobre prosa do que de poesia; mas os estudos mais revolucionários e talvez mais altos dos nossos dias, até bem pouco, foram de crítica de poesia". No escopo deste trabalho, buscamos tecer reflexões e algumas ideias sobre a constituição da identidade negra feminina, assim como questões relativas à memória e à escrita feminina como um ato de resistência. Os poemas defendem a questão da causa da mulher negra e estimulam a criação de imagens variadas, tendo como foco a consciência negra e a afirmação da identidade de gênero, entre outros temas.

Os teóricos escolhidos para esta pesquisa permitem uma visão mais ampla do fenômeno em investigação. A partir dos estudos e das leituras realizadas, foi possível construir uma reflexão mais aprofundada a respeito do cenário de exclusão vivenciado por homens e mulheres negras tanto no âmbito literário quanto no âmbito social. Refletimos acerca do processo de invisibilidade desses sujeitos em um contexto social que quase sempre lhes negou o direito de se expressarem, de narrarem sobre si, sobre suas significações acerca das experiências vividas no mundo experienciado. Sabemos que o negro foi historicamente aprisionado em rótulos ideologicamente produzidos e repassados pela sociedade e pela cultura, e sua história tem sido marcada pela discriminação, rejeição e legitimação dos discursos preconceituosos produzidos pela sociedade.

Sabemos também que a história do negro não é uma história de submissão, e sim de luta e resistência. Hoje uma das formas que o afrodescendente encontrou para continuar lutando e resistindo é o exercício da literatura. A literatura afro-brasileira contribui para o despertar da "consciência crítica" de um grande número de pessoas, principalmente afrodescendentes, que quase nunca se encontram atentas às ambiguidades do racismo. As escritoras negras, por meio da escrita, colocam em prática projetos de superação das desigualdades sociorraciais. Assim, sujeitos antes silenciados, colocados à margem, afirmam sua presença e estabelecem sua autoafirmação.

Como metodologia, empregamos pesquisas empíricas dedutivas, qualitativas, bibliográficas e, obviamente, explicativas. Através do método analítico, empenhamo-nos em compreender os poemas de Evaristo que têm como foco a comunidade, a cultura, a identidade e a nacionalidade afro-brasileira. A discussão se deu no âmbito de textos teóricos em concomitância com a análise dos traços específicos das experiências, ideias e sentimentos da escritora negra.

Certamente, mais pesquisas continuam sendo desenvolvidas e outras virão, visto que o universo literário de Evaristo – que navega entre as temáticas centrais da identidade, da memória e da vivência das mulheres negras e pobres – é muito vasto, podendo ser estudado em seus diversos aspectos formais e temáticos. Assim, a nossa escolha relaciona-se à necessidade de fomentar a discussão acerca da produção literária dessa autora que já conquistou bastante espaço tanto no âmbito nacional como internacional, no entanto, tem sua obra poética pouco estudada.

Podemos, então, mapear nossa dissertação através de uma síntese dos seus capítulos e tópicos. O primeiro capítulo tem como fundamento a contextualização do conceito de literatura negra ou afro-brasileira, movimento do qual Conceição Evaristo é representante, bem como traçar uma discussão a respeito dos sentidos expressos nos termos "negro" e "afro-brasileiro" e suas implicações relacionadas com a literatura e a crítica. Em seguida, faremos um estudo sobre a produção literária afro-brasileira a partir da década de 70 do século XX, pois sabemos que este período é de fundamental importância para o entendimento atual da história do movimento negro e para o crescimento da literatura de autoria feminina. Os movimentos sociais realizados na década de 70 investiam na construção de novos discursos e novas práticas, os quais contavam com a participação de novos enunciadores, entre eles o negro, a mulher e a mulher negra.

Também apresentaremos ao leitor uma síntese sobre os precursores da literatura afro-brasileira. Como ícone da luta pela liberdade e contra a opressão, o poeta baiano Luiz Gama foi consagrado como precursor da literatura afro-brasileira ao valorizar a presença do negro na formação cultural do Brasil e transpor esse *sentimento* para seus poemas. No entanto, outros autores também serão destacados, como Domingos Caldas Barbosa, Machado de Assis, Lima Barreto e Cruz e Souza, de modo a discutir sobre a possibilidade de se perceber um discurso pautado na afrodescendência na obra desses escritores. Vale ressaltar que nessa parte do trabalho, mesmo sendo um capítulo teórico da dissertação, pretendemos utilizar trechos dos poemas de Luiz Gama e das obras dos outros autores como ilustrações às ideias desenvolvidas.

O segundo capítulo da dissertação perquire analisar a literatura afro-brasileira de autoria feminina. A literatura afro-feminina apresenta uma escrita comprometida com as vivências da mulher negra, sendo caracterizada por uma poética de resistência e por um movimento de cobrança e denúncia. Ao mesmo tempo, auxilia na consciência sobre os dramas vividos pela mulher negra e na superação de estigmas e preconceitos que marcaram e marcam negativamente a identidade feminina e negra. Nessa escrita, a mulher negra assume um lugar de sujeito e, através da reconstrução de uma tradição social, cultural e histórica, reescreve a sua história.

Para tanto, a teoria sobre o estudo de gênero e identidade é fundamental, pois estas são questões que atualmente se encontram no centro do novo cenário político e social no qual vivemos. Na medida em que novos grupos sociais surgem, ganham visibilidade na cena social, consequentemente, buscam afirmar suas representações identitárias, diferentes das forjadas anteriormente, uma identidade negra combativa e reivindicatória de direitos em uma sociedade dominada pela ideia hegemônica da democracia racial. Ainda nesse capítulo, analisaremos poemas de autoras que, assim como Evaristo, seguem uma linha de afirmação da identidade, abordando temáticas relativas à afrodescendência por meio, principalmente, da valorização da mulher negra, são elas Geni Guimarães e Cristiane Sobral.

O terceiro capítulo é considerado o inspirador da dissertação. Temos como objetivo principal a análise da poética de Conceição Evaristo, considerando as imagens da mulher negra. Imagens estas que permeiam por muitos dos versos da poeta. Enfim, como ocorrem as construções imagéticas de Conceição Evaristo sobre a mulher negra? Tencionamos investir o olhar temático sobre a trajetória da escritora, evidenciar seus dados biográficos, bem como explorar o conceito de *Escrevivência*, cujo nome já diz: refere-se à escrita da vivência. Nesse conceito elaborado por Conceição Evaristo a produção literária entrecruza a vida, o cotidiano com a escrita.

Seguimos realizando uma análise dos poemas de Conceição Evaristo. Selecionamos poemas da obra *Poemas da recordação e outros movimentos* (2008). Seus poemas rompem com os estereótipos e transcendem com o estigma da indiferença e dos conceitos pré-fabricados na medida em que valorizam a mulher negra em seu mais íntimo ser. Através dos poemas escolhidos, problematizamos sobre os preconceitos criados por uma sociedade hierárquica, desigual. Preconceitos esses que desqualificam os negros, mulheres e mulheres negras e salientam estereótipos depreciativos por meio de palavras e imagens que expressam sentimentos de inferioridade.

Em suma, esperamos que o presente trabalho, de ação reflexiva, permita enxergar a realidade sociocultural do homem e da mulher negra no Brasil. Além de contribuir para ações que busquem romper com a dinâmica preconceituosa, possibilitando levantar a autoestima dos negros, negras e afrodescendentes e, ainda, provocar a mudança de mentalidades negativas sobre esses sujeitos.

Em nossas considerações finais sintetizamos a compreensão acerca das imagens que o estudo e a apreciação da obra poética da autora Conceição Evaristo nos possibilitaram e expomos os resultados obtidos.

2. Literatura negra ou afro-brasileira?

A literatura negra é um modo de lutar contra os padrões impostos historicamente. O texto literário nos permite viajar além da realidade, pois na literatura as palavras não têm o mesmo valor das que usamos em nossa vida diária. Há a criação de um mundo poético na medida em que a representação de imagens transcende o cenário cultural de nossa rotina. Ao iniciarmos uma reflexão sobre a literatura produzida pelos afrodescendentes, torna-se fundamental definir seu conceito. Por literatura afrodescendente entendemos a produção literária que tem como enunciador um negro ou descendente e como base as experiências, os prazeres, memórias e tradição do povo negro.

Zilá Bernd (1988), em *Introdução à literatura negra*, declara que conceito de literatura negra é o que se alicerça nas constantes discursivas da própria obra. Assim, a existência de um eu-enunciador que se assume como pessoa negra é o que caracteriza essa literatura, e não apenas a utilização da temática negra ou a cor da pele do escritor. Assim, para a autora, "assumir a condição negra e enunciar um discurso em *primeira pessoa parece ser o aporte maior trazido por essa literatura, constituindo-se em um dos seus marcadores estilísticos mais expressivos*" (BERND, 1988, p. 22).

Ao classificarmos a literatura negra apenas associada à raça ou à cor da pele estamos estabelecendo relação entre uma raça e a cultura por ela produzida, o que se torna *ideologicamente falso e cientificamente perigoso*. Não podemos também justificar o termo literatura negra pelo simples fato da literatura ter o negro, sua vida e sua história como temática, pois sabemos que a figura do negro foi pensada desde as primeiras manifestações literárias até as recentes de forma depreciativa.

No artigo *A trajetória do negro na literatura brasileira* (2004), *Domício Proença Filho* identifica ao longo do processo literário brasileiro estereótipos da visão preconceituosa, destacando os tipos mais evidentes: o escravo nobre, vencedor por "força de seu branqueamento", o negro vítima, o negro infantilizado, o escravo demônio, o negro pervertido, o negro erotizado, entre outros. O autor faz apenas uma amostra para destacar o tratamento marginalizador ao qual o negro esteve submetido desde o início do processo de construção da nossa sociedade. *A partir daí, ressalta a importância da passagem do papel de objeto (onde o negro é constituído apenas como tema e personagem da situação narrativa) para o papel de sujeito, de enunciador de sua história.*

De acordo com Bernd (1988), o surgimento de um sujeito-de-enunciação num discurso poético revelador da consciência da negritude é o elemento demarcador da fronteira entre a literatura escrita sobre o negro para a literatura do negro. Para a autora:

> Esse *eu* lírico em busca de uma identidade negra instaura um novo discurso – uma *semântica* do *protesto* – ao inverter um esquema onde ele era o Outro: aquele de quem se condoíam ou a quem criticavam. Passando de *outro* a *eu*, o negro assume na poesia sua própria fala e conta a história do seu ponto de vista. Em outras palavras: esse *eu* representa a tentativa de dar voz ao marginal, de contrapor-se aos estereótipos (negativos e positivos) de uma literatura brasileira legitimada pelas instâncias de consagração (BERDND, 1988, p. 50).

Como observamos, a literatura afro-brasileira é essencialmente caracterizada pelas experiências, pela memória desse enunciador que se quer negro, como também pela necessidade de se compreender o que significa ser negro em nossa cultura. Ao constituir-se como enunciador, o negro rompe com um discurso instaurado ao longo dos séculos, carregado de preconceitos e estereótipos, e passa a reescrever sua "verdade histórica" e revalorizar sua cultura. Essa literatura é um espaço privilegiado para o autoconhecimento e construção de uma imagem positiva da população negra, pois busca veementemente a afirmação identitária.

Além da emergência de um enunciador negro, Bernd (1988) estabelece como leis fundamentais da literatura negra a "construção da epopeia negra", "a reversão dos valores" e "a nova ordem simbólica".

A "construção da epopeia negra" diz respeito à tentativa de resgatar como matéria poética a heroicidade negra que foi ocultada pela cultura dominante, a fim de rememorar o passado e os heróis negros. A "reversão dos valores" se constitui como marca da negritude, buscando tornar positivo o que era negativo, afirmar o que era negado e exaltar o que era humilhado. Por fim, a restauração de "uma ordem simbólica" que vai em sentido contrário aos sentidos hegemônicos. Assim:

> As quatro leis fundamentais que sustentam a literatura negra possuem um mesmo conector: o princípio de *resistência* à assimilação, o qual originará uma produção poética que proverá os grupos negros dos fatores necessários ao seu tão buscado processo de singularização, fornecendo-lhes mitos, símbolos e valores, em suma, os elementos todos que irão viabilizar a total possessão de si próprios (BERND, 1988, p. 93).

O estudo de Bernd é um dos primeiros a tratar o negro enquanto sujeito da enunciação de um discurso e é o primeiro na tentativa de conceituar e estabelecer critérios para a constituição da literatura negra, tornando-se assim uma preciosa fonte de referência para pesquisadores. Sem dúvida, outros estudos empenharam-se em estabelecer vínculos ou rupturas, pontos em comum ou dissonantes com o propósito de adensamento do corpus até então estabelecido.

Uma proposta bastante coerente é a de Eduardo de Assis Duarte (2014), em seu artigo intitulado *Por um conceito de literatura afro-brasileira*. *Ele define a literatura afro-brasileira como um conceito em construção e destaca os elementos que distinguem es*sa literatura, a saber: a temática, a autoria, o ponto de vista, a linguagem e o público.

De acordo com Assis Duarte, a temática contempla o pertencimento de um texto à literatura afro-brasileira. Dessa forma, pode contemplar o resgate da história do povo negro na diáspora, a denúncia e as consequências da escravidão e a glorificação de heróis como Zumbi de Palmares. Ou, ainda, as tradições culturais e religiosas, como também os dramas vividos na modernidade brasileira, entre eles a miséria, a exclusão, a marginalidade e o preconceito. Pela temática se compreenderia a incorporação da experiência não só no plano individual, mas universal do negro no texto literário.

Na autoria, a questão é bastante complexa, pois há autores identificados fenotipicamente com a questão do negro. Por outro lado, há autores que, embora negros, não reivindicam essa condição para si nem a incluem em seu projeto literário. Há, ainda, autores brancos que tratam de assuntos relativos aos negros pela ótica do negrismo. Nesse sentido, torna-se relevante compreender que a autoria não é um dado exterior e deve ser tratada como uma *constante discursiva atrelada à materialidade do texto*.

No ponto de vista se percebe a história, a cultura e a vida do homem negro sob uma ótica negra, também "a visão de mundo autoral e o universo axiológico vigente no texto, ou seja, o conjunto de valores que fundamentam as opções até mesmo vocabulares presentes na representação" (DUARTE, 2014 p. 34). Faz-se necessária a assunção de uma perspectiva relacionada à história e cultura dos negros e afrodescendentes, que o autor chama de *afroindentificada*.

A linguagem estaria baseada na discursividade (ritmo, entonação e semântica própria) marcada pelas heranças africanas e inserida num contexto transcultural brasileiro. Finalmente, o público, negros e afrodescendentes que anseiam a afirmação identitária e buscam a conscientização.

Conforme Assis Duarte (2014, p. 399), "da interação dinâmica destes cinco grandes fatores – temática, autoria, ponto de vista, linguagem e público pode-se constatar a existência da literatura afro-brasileira em sua plenitude". Dessa forma, observamos que o autor destaca a inter-relação desses elementos como fator constituinte da literatura afro-brasileira.

O texto de Assis Duarte amplia, sem dúvida, o corpus teórico da literatura afro-brasileira, ao mesmo tempo em que reacende o vigor dessa vertente literária, uma vez que passados três séculos desde as suas primeiras manifestações, muitas pessoas ainda desconhecem ou questionam a sua existência. Em resposta a isso, nos afirma o autor:

"essa literatura não só existe como se faz presente no tempo e nos espaços históricos de nossa constituição enquanto povo, não só existe como é múltipla e diversa" (DUARTE, 2014, p. 375).

A literatura negra ou afro-brasileira é uma particularidade da literatura brasileira. A literatura tem cor e tem nacionalidade. Ela é, antes de tudo, brasileira, pois aborda aspectos culturais, sociais, econômicos e ideológicos do espaço físico dos brasileiros. Mas ela também é negra, na medida em que aborda situações que só podem ser vividas pelos negros. Ela é negra, sobretudo, em razão da não integração racial no Brasil. Ela deixará o adjetivo particularizante na medida em que consiga vencer as mazelas seculares impostas pelo racismo. Ser chamada de afro-brasileira ou afrodescendente não diminui sua importância, ao contrário, agrega valores próprios da constituição identitária de nosso país. Como sabemos, vivemos em um país multiétnico, plurirracial e multicultural.

Apesar dos avanços nos estudos e das crescentes pesquisas, muitos estudiosos ainda acreditam que essa particularização é desnecessária e que deveria ser levada em conta a cultura de um povo de um modo geral e não apenas a cultura negra. Sobre esse aspecto, destaca-se.

> Mesmo entre os escritores que se assumem como negros, alguns deles muito sensíveis à exclusão dos descendentes de escravos na sociedade brasileira, existe resistência quanto ao uso das expressões como "escritor negro", "literatura negra", ou literatura afro brasileira". Para eles, essas expressões particularizadoras acabam por rotular e aprisionar a sua produção literária. Outros, ao contrário, consideram que essas expressões permitem destacar sentidos ocultados pela generaliza-

ção do termo "literatura" (FONSECA, 2006, p. 13).

Desta forma, observamos que, apesar da legitimidade conquistada, a literatura negra ou afro-brasileira ainda é alvo de antigas polêmicas. Se por um lado é nefasto ficar aprisionado a estereótipos que reduzem a percepção da obra, por outro, é igualmente nocivo ficar alheio às reinvindicações do autor quando o rótulo é desejado por ele (BERND, 1988, p. 20). Assim, o "rótulo" é necessário para dar visibilidade à obra desses escritores e, principalmente, para vencer a opressão sofrida ao longo da história por meio do poder exercido pela palavra escrita, pela arte e pela literatura.

Uma das discussões bastante atuais diz respeito à denominação dada a essa literatura. Os estudiosos ainda não chegaram a um consenso quanto às expressões literatura negra, difundida a partir da década de 70, ou afro-brasileira/ afrodescendente, consolidada no século XXI. Essas são usadas muitas vezes como sinônimos, neutralizando certas especificidades. Com relação a isso, pontua-se:

> [...] a denominação 'literatura negra', ao procurar se integrar às lutas pela conscientização da população negra, busca dar sentido a processos de formação da identidade de grupos excluídos do modelo social pensado por nossa sociedade. Neste percurso se fortalece a reversão das imagens negativas que o termo "negro" assumiu ao longo da história. Já a expressão literatura "afro-brasileira" procura assumir as ligações entre o ato criativo que o termo "literatura" indica e a relação dessa criação com a África, seja aquela que nos legou a imensidão de escravos trazidas

para as Américas, seja a África venerada como berço da civilização. Por outro lado, a expressão 'literatura afrodescendente' parece se orientar num duplo movimento: insiste na constituição de uma visão vinculada às matizes culturais africanas e, ao mesmo tempo, procura traduzir as mutações inevitáveis que essas heranças sofrem na diáspora (FONSECA, 2006, p. 24).

Como observamos, para compreender melhor o sentido dessas expressões é necessário voltarmos aos sentidos contidos nos signos expressos. A palavra negro é assumida com orgulho, revertendo às imagens ligadas à ideia de ofensa ou humilhação e aos complexos de inferioridade. De acordo com Silva (2014, p. 40), "a palavra 'negro' nos remete à reinvindicação diante da existência do racismo, ao passo que a expressão 'afro-brasileira' nos lança, em sua semântica, ao continente africano". Na mesma linha, a palavra afrodescendente nos remete às heranças culturais africanas com as modificações sofridas na diáspora.

Ainda conforme Fonseca (2006), embora não esgotem as complexas questões que envolvem seus significados, as expressões *afro-brasileiro e afrodescendente* circulam com mais desenvoltura, pois revelam, de certo modo, a consideração da pluralidade como traço marcante na cultura de nosso país. Como observamos, essa autora defende o uso dos termos literatura afro-brasileira ou afrodescendente, afirmando que:

> [...]a expressão 'literatura afro-brasileira' parece seguir uma tendência que se fortalece com o advento dos estudos culturais. O uso da expressão como "afro-brasileiro" ou "afrodescen-

dente", procura diluir o essencialismo contido na expressão literatura negra e transpor a dificuldade de se caracterizar essa literatura sem assumir as complexas discussões suscitadas pelo movimento da Negritude, em outro momento histórico (FONSECA, 2006, p. 38).

Na mesma perspectiva teórica, que gira em torno da abordagem terminológica e conceitual da vertente literária discutida neste capítulo, Eduardo de Assis Duarte defende o uso do termo "afro-brasileiro":

> Acredito, pois na maior pertinência do conceito de literatura afro-brasileira, presente em nossos estudos literários desde o livro pioneiro de Roger Bastide (1943), com os equívocos, é certo, que aquele momento não permitia a ele superar, em especial no tocante a Cruz e Souza. E também presentes nas reflexões de Moema Augel e, mais enfaticamente, de Luiza Lobo (1993, 2007). Termo adotado, enfim, por praticamente todos os que lidam com a questão nos dias de hoje, inclusive pelos próprios autores do Quilombhoje, seja nos subtítulos dos Cadernos Negros, seja no próprio volume teórico-crítico lançado pelo grupo em 1985, com o título de Reflexões sobre a literatura afro-brasileira (DUARTE, 2014, p. 384).

Por outro lado, Cuti (pseudônimo utilizado por Luiz Silva), em seu livro Literatura negro-brasileira (2010), em artigo intitulado "Negro ou afro não tanto faz", discute, entre outros temas, a denominação dada à literatura escrita por afrodescendentes no Brasil. Para esse autor, o uso da expressão afro não consegue abarcar o cerne da luta contra a discriminação racial, uma vez que o referido prefixo abriga pessoas mestiças e brancas, pessoas essas, segundo o autor, as quais o racismo não atinge por não apresentarem marcas tão nítidas da herança africana no corpo. Assim, comenta: "afro-brasileiro, expressão cunhada para a reflexão dos estudos relativos aos traços culturais de origem africana, independeria da presença do indivíduo de pele escura, e, portanto, daquele que sofre diretamente as consequências da discriminação" (CUTI, 2010, p. 39).

Ademais, Cuti ressalta ainda, sobre esse aspecto, a importância de uma denominação que valorize a marca vivencial da coletividade negra e sua resistência histórica contra o racismo. Para tanto, ele enfatiza o uso da palavra *negro* em detrimento da expressão *afro-brasileiro*.

> Quanto ao nome dado a essa produção, estamos diante de um projeto de "engenharia" ideológica, cujo sentido é esvaziar o sentido das lutas da população negra do Brasil, sobretudo o seu principal fator; a identidade, este querer-se negro, este assumir-se negro, este gostar-se negro. Ninguém escreveu em nenhuma camiseta: '100% afro-brasileiro'. Essa expressão não provocaria qualquer entusiasmo. É uma palavra artificial da qual ninguém teve a sua integridade ameaçada nem sua dignidade recuperada. '100% negro' é manifestação das ruas, da vida que pulsa fora da universidade, fora de seu controle; é energia que vem da necessidade interior e coletiva de tantos quantos resolveram dizer não ao complexo de inferioridade; daqueles que resolveram negar-se

raspar ou alisar seus cabelos; de todos os que resolveram dizer sim à vida, à alteridade da beleza (CUTI, 2010, p. 43).

Como vimos, Cuti defende uma opção que é estética, política e ideológica pelo uso da expressão "literatura negra" em contrapartida às opções "literatura afro-brasileira" e "afrodescendente". Isso porque ele entende que essas expressões são abrangentes e não dão conta da simbologia de combate presente no termo "negro".

Em consonância com os estudos de Cuti, Nelson Fernando Inocêncio da Silva (2014a), em artigo intitulado Culturas e imaginário: um ponto de vista negro, desenvolve uma análise buscando explicitar as diferenças entre os conceitos "negro", "afro-brasileiro" e "afrodescendente". Conforme o autor, é inegável o vínculo estabelecido entre os conceitos, mas seu uso não significa simplesmente alusão às concepções afins, uma vez que cada conceito evidencia questões tensas e conflitivas em maior ou menor grau. O uso, por exemplo, da terminologia "afro-brasileira" serviu de referência aos primeiros estudos sobre a contribuição dos negros e descendentes à cultura brasileira. No entanto, nesse momento o negro era tratado apenas como objeto de pesquisa, uma vez que havia a predominância de escritores brancos e, inicialmente, estrangeiros. "Logo, não parece difícil a constatação de que falar de cultura 'afro-brasileira' naquele período e naquelas condições era aludir, sobretudo aos pensamentos das elites brancas [...] em torno do que eles imaginavam serem as coletividades negras locais" (SILVA, 2014a, p. 10). Como vimos, o autor destaca que o termo "afro-brasileiro" foi cunhado no interior de estudos, oriundo do pensamento das elites e que, não podendo ser desprezado, foi apropriado na tentativa de reverter para uma vertente de positividade que valorize as relações étnico-raciais. Ainda conforme o autor:

> [...] a alusão ao conceito de 'afro-brasileiro', não se torna desprezível, mas é preciso que se reconheça a sua abrangência e generosidade em relação aos brancos, que não apenas podem se identificar com este universo, mas também transitar por ele sem qualquer compromisso (SILVA, 2014a, p. 14).

Em relação ao termo afrodescendente, o autor nos diz que ele surge na passagem do século XIX para o século XX, adotado por setores representativos da militância como necessidade de afirmar a procedência de negros na diáspora, ou seja, reconhecer o continente africano como lugar de origem dos negros do Brasil. Com o advento das ações afirmativas que têm como público alvo o afrodescendente, vimos o "esvaziamento" desse conceito, uma vez que pessoas que não sofrem diretamente com o racismo e não são vítimas de preconceito requerem para si direitos que não são legítimos. O termo afrodescendente nasce na experiência da militância antirracismo, contudo, o conceito é abrangente, pois abarca tanto pessoas com traços fenotipicamente negros como também pessoas que possuam uma relação de parentesco longínqua com pessoas de origem africana, e isto resultou em um uso inapropriado do termo para benefícios escusos. Assim, "a apropriação do termo 'afrodescendente' por setores com interesses escusos foi hábil o suficiente para esvaziar o conceito em sua dimensão" (SILVA, 2014a, p. 12).

Sobre o termo "negro", Silva (2014a) nos diz que essa é a primeira e mais conhecida concepção ocidental para distinguir e estabelecer hierarquias entre africanos e europeus. Ele enfatiza que, assim como "indígena", "negro" é um produto do pensamento colonizador que apaga as particularidades étnicas. Ambos os termos "nasceram carregados de noções pejorativas que pudessem afirmar a 'justeza' da exploração humana conforme o pensamento colonial" (SILVA, 2014, p. 08). Embora o termo *negro* tenha sido cunhado nessas condições, já no período pós abolição há a tentativa de apropriação do termo de forma positiva. A partir daí, muitos outros movimentos surgem e contribuem para a consolidação de um movimento negro na contemporaneidade.

O autor reconhece que nenhum dos conceitos situam-se numa zona de conforto e enfatiza a necessidade de mostrar as tensões que são estabelecidas diante de determinadas situações, a saber:

> Por exemplo, dificilmente nos deparamos com uma situação na qual, um sujeito no auge da sua intolerância, se manifeste dizendo que tal pessoa nada mais é do que um 'afro-brasileiro de índole duvidosa'. A menos que tomado por um inesperado surto de consciência politicamente correta. Mas, certamente já constatamos, por algumas vezes, situações em que alguém intoxicado pelo racismo diga publicamente sem nenhum prurido que certo elemento não passa de um 'negro safado' (SILVA, 2014a, p. 13).

Desta forma, observamos que, segundo o autor, é no conceito "negro" que se localiza as maiores tensões e contradições e, portanto, é esse conceito que o pensamento ativista deve ter como prioridade. Assim, para se referir à herança africana difundida no Brasil, tanto Cuti (citado anteriormente) como Silva nutrem preferência pelo termo "negro" por representar um grande desafio na contemporaneidade.

Mais importante que a denominação mais adequada para a literatura produzida por negros, negras e afrodescendentes é mostrar que essa literatura caminha na contramão do padrão ainda vigente do circuito literário que trata o negro apenas como tema da literatura. Tendo como intuito, então, conceber a prática da escrita literária como um espaço propício à enunciação das vivências, dos valores e das lutas dos homens e mulheres negros e afrodescendentes.

> Por detrás, portanto, da questão da escolha da palavra para denominar a literatura produzida majoritariamente pela descendência africana no Brasil há um arcabouço de preocupações relativas à identidade nacional. Entretanto, para se chegar ao âmbito de tal identidade é preciso não desprezar os obstáculos à expressão "negro", dentre os quais a censura e sua consequência mais cruel: a autocensura (CUTI, 2010, p. 46).

Diante das discussões apresentadas, observamos que as expressões *literatura negra, afro-brasileira* e *afrodescendente* não são expressões consensuais. Há uma discussão, em processo, acerca da nomenclatura que coloca em evidência ora "literatura negra" ora "literatura afro-brasileira" ou "afrodescendente". No entanto, na maioria dos livros, coletâneas, ensaios, artigos, seja em seus títulos, subtítulos ou na temática abordada, há uma predominância no uso das expressões como equivalentes, ou seja, as três expressões são tomadas como sinônimos. Seguindo por esse viés, serão utilizadas neste trabalho as três expressões.

2.1. A produção literária afro-brasileira

Uma das grandes recorrências da atualidade é o surgimento de espaço para a história ser escrita e compreendida também do ponto de vista dos *vencidos*. Ao final do século XX, grupos historicamente marginalizados passaram a buscar, escrever e valorizar suas histórias: negros, mulheres, trabalhadores, homens e mulheres com diferentes orientações sexuais e as diversas minorias étnicas reescrevem e ressignificam suas vidas.

Assim, ao lado da história oficializada, única, hegemônica, surge uma multiplicidade de eixos e focos temáticos que valorizam a vida desses sujeitos que foram marginalizados ao longo dos séculos. Stuart Hall (2006, p. 338) enfatiza a abertura desses espaços:

> Dentro da cultura, a marginalidade, embora permaneça periférica em relação ao *mainstream*, nunca foi um espaço tão produtivo quanto é agora, e isso não é simplesmente uma abertura, dentro dos espaços dominantes à ocupação dos de fora. É também o resultado de políticas culturais da diferença, de lutas em torno da diferença, da produção de novas identidades e do aparecimento de novos sujeitos no cenário político e cultural. Isso vale não somente para a raça, mas também para outras etnicidades marginalizadas, assim como o feminismo e as políticas culturais no movimento de gays e lésbicas, como resultado de um novo tipo de política cultural.

No que se refere aos negros, unidos e organizados em entidades que norteiam ações de resistência e luta por liberdade, estes buscam a afirmação da identidade como sujeitos de sua história. Para tal, utiliza-se, principalmente, uma das formas propulsoras de expressão das minorias: a arte, a dança, a música e, mais especificamente, a literatura.

Se observarmos a tradição literária canônica brasileira veremos que a literatura sempre foi um dos lugares de afirmação do racismo. Isso pois, além de retratar os personagens negros em condições subalternas, coisificados, animalizados e ridicularizados, continua, muitas vezes, ignorando o fato de que temos excelentes autores negros empenhados na construção de uma imagem do povo negro livre dos estereótipos. Buscando, assim, não deixar esquecer o passado de opressão e sofrimentos, mas igualmente de resistência e luta.

Acreditamos que uma das causas da reduzida visibilidade de autores afrodescendentes é a falta de oportunidade de ingressar no mercado editorial e colocar seus livros à disposição do grande público. Evaristo (2007) destaca os aparatos propícios à consagração enquanto escritora e enfatiza que a maioria dos escritores não dispõe desse aparato:

> [...] uma produção literária pode ser encampada ou não por uma *instância exterior* ao próprio texto literário e que forma a *instituição literária*. Esta instituição literária normalmente aparece manipulada que hegemonia cultural que vai abrir caminhos ou ignorar os textos e os autores. Os críticos literários, o interesse dos pesquisadores, a concessão de prêmios, a mídia, o apadrinhamento de outros escritores ou de intelectuais famosos, a presença dos textos em antologias ou em livros nas bibliotecas compõem o sistema difusor da obra (EVARISTO, 2007, p. 41).

Assim, escritores negros produzem, de certa forma, escondidos e gritam, ainda complacentes, pelos desejos, pela autoestima, pelo autoconhecimento. Além disso, quando editam, fazem em tiragens pequenas, muitas vezes autofinanciadas. Contudo, continuam a batalha pela afirmação e pelo devido reconhecimento social.

O mercado editorial impõe muitas restrições ao escritor negro. Muitas vezes as únicas possibilidades na luta para o escritor negro "descobrir o véu da invisibilidade" são as publicações em regime cooperativo, como acontece com os *Cadernos Negros do grupo Quilombhoje*. Lançado pela primeira vez em 1978, esse periódico teve a primeira e outras edições autofinanciadas pelos próprios autores. Essas atitudes surgem como forma de reação ao bloqueio criado e cultivado pelo mercado. Hoje, *Cadernos Negros é a antologia de* literatura negra de vida mais longa, são 37 anos desde a sua primeira publicação.

A literatura é um dos meios pelos quais o negro procura descobrir o véu da invisibilidade que foi jogado em seu rosto e valorizar sua importante contribuição para a cultura brasileira. É cada vez mais crescente a participação de escritores e escritoras negras na literatura brasileira. Há um caminho rico em realizações e descobertas que vem sendo traçado e objetiva a ampliação do corpus teórico na poesia e na prosa.

Para o entendimento atual da história do movimento negro a década de 70 é de fundamental importância. Nessa época foram criadas importantes organizações, entre as quais podemos destacar: o bloco afro Ilê Aiyê (1974), o MNU – Movimento Negro Unificado (1978) e o grupo Quilombhoje com a publicação da antologia de autores negros, já mencionada, *Cadernos Negros*. O movimento social realizado pelos negros na década de 70 do século XX investia na construção de novos discursos e novas práticas que contavam com a participação de um novo enunciador, o negro. Para Fanon (1983), ao pôr em relevo o cotidiano de homens e mulheres negros, os autores contribuem para uma maior "conscientização", ou melhor, para uma desalienação em relação ao *arsenal de complexos germinados no seio da colonização*.

Os estudos sobre a cultura e a literatura afro-brasileira visam, antes de tudo, ressignificar a história e, consequentemente, a importância da participação dos negros na vida cultural do Brasil. A cultura dos afro-brasileiros e das minorias em geral vem ganhando novos espaços graças à movimentação de vários setores da sociedade. As políticas culturais que as valorizam e colocam em pauta as minorias étnicas são frutos de uma luta de longos anos. No Brasil, podemos destacar a promulgação da lei 11.645/2008, sancionada pelo então presidente Luís Inácio Lula da Silva, que alterou a lei 9.394/1995, modificada pela lei 10.645/2003, e estabeleceu a obrigatoriedade do ensino de história e cultura afro-brasileira e indígena. Essa lei é de fundamental importância para o reconhecimento, valorização e respeito às pessoas negras, indígenas e descendentes. A partir dela, espera-se que diversos sistemas de ensino e estabelecimentos de diferentes ordens criem ações que visem reparar, reconhecer e valorizar a história e a cultura desses povos. O que tem importância significativa na compreensão dos valores e na luta pela autoafirmação, uma vez que reconhecer os processos históricos desencadeados por tantos negros, indígenas e descendentes implica em reconhecer nossa própria história.

Para Stuart Hall (2006), o momento atual tornou-se peculiar para se propor a questão da cultura popular negra. Isso se deve, principalmente, à mudança proposta pelo pós-modernismo, que visa o descentramento da cultura elitista para as massas enfatizando a valorização das diferenças:

> [...] devemos ter em mente a profunda e ambivalente fascinação do pós-modernismo pelas diferenças raciais, culturais e, sobretudo, étnicas. Em total oposição à cegueira e hostilidade que a alta cultura européia demonstrava, de modo geral pela diferença étnica - sua incapacidade até de falar em etnicidade quando esta inscrevia seus efeitos de forma tão evidente -, não há nada que o pós-modernismo global mais adore do que um certo tipo de diferença: um toque de etnicidade [...] (HALL, 2006, p. 319).

Como vimos, há um crescente interesse pelo conhecimento dos valores das diversas "minorias". No Brasil, atualmente, prima-se pela recuperação dos valores culturais dos afro-brasileiros. Um exemplo é a já citada lei 11.645/2008. Esse movimento tem seus antecedentes na década de 70, que, como afirma Jônatas Conceição da Silva (2006, p. 114), é uma geração que, "com armas próprias para o seu tempo, surgiu para recontar e reavaliar a história da população de origem africana no Brasil, colocar a luta quilombola no lugar de destaque merecido e, fazendo isso, estava combatendo mazelas seculares do país como o racismo".

Na geração literária de 70, escritores afro-brasileiros trazem em suas obras um posicionamento engajado, relatando melhor a condição do negro na sociedade brasileira. Essa "tomada de consciência" está intimamente ligada a uma série de atividades que o movimento social negro propalou nessa década. Esse movimento tinha por objetivo questionar o mito da democracia racial, lutar contra o preconceito e romper com a invisibilidade do negro, lutando por espaços que antes eram exclusivos dos brancos. Objetivava também reafirmar a importância da literatura afro-brasileira.

2.2. Precursores da literatura afro-brasileira.

Embora a década de 70 seja um momento de efervescência, podemos destacar ao longo dos séculos XVIII e XIX, e ainda XX e XXI, exemplos representativos da literatura feita por negros que têm o negro não só como tema ou personagem, mas como enunciador.

Como um dos pioneiros, surge no século XVIII Domingos Caldas Barbosa. De genealogia incerta, o poeta, músico e compositor de modinhas e lundus era filho de um português com uma escrava. Nasceu entre os anos de 1738 e 1740, e não se sabe ao certo se seu nascimento se deu na viagem dos pais da Angola para o Brasil, como afirma seu sobrinho, o cônego Januário da Silva Barbosa, ou se nasceu em terras brasileiras, mais especificamente no Rio de Janeiro, como dizem alguns críticos literários.

Conforme Reinaldo Martiniano Marques (2014, p. 53), o preconceito e estereótipos raciais marcaram a recepção crítica de Caldas Barbosa e ele foi enquadrado "na perspectiva do negro mazombo, dolente, dengoso, bajulador, do mulato de voz quente". Tal enquadramento relega sua obra ao estilo do espontâneo, simples, fácil, em oposição a um trabalho mais elaborado. No entanto, isso não impediu que o poeta se tornasse célebre por suas trovas de improviso e conquistasse um grande público, sendo presença constante nos palacetes portugueses.

Caldas Barbosa introduziu as modinhas e os lundus brasileiros em Portugal e foi aclamado popularmente. O poeta faz apenas referência ao negro, ou seja, utiliza uma forma bem sutil para falar da escravidão, mas apresenta traços discursivos distintos, articulando "um diálogo polifônico em que as diferenças linguísticas, literárias e culturais se entrecruzam, se chocam" (MARQUES, 2014, p. 54). Dessa forma, embora não possamos considerar que Caldas Barbosa seja um percussor da Poesia afro-brasileira, pois ele não assume explicitamente esse projeto literário, de forma implícita, percebemos que os valores propagados em sua obra são distintos dos produzidos pelas elites.

No século XIX, Luís Gama (1850-1882) torna-se o principal representante da poesia afro-brasileira na fase pré-abolicionista e o precursor da literatura negra. Ao seu lado, Maria Firmino do Reis (1825-1917) foi a primeira escritora do Brasil a expressar as ideias abolicionistas em um romance. De acordo com Souza (2006b, p. 90):

Maria Firmina dos Reis [...] considerada a primeira escritora negra do Brasil, e que elejo, junto com Luiz Gama, precursores de uma série literária de protesto em que o negro auto apresenta-se, desenha personagens negras e torna-se voz divergente das tradicionais representações de negros e mestiços.

A obra de Maria Firmina do Reis não nos deixa dúvida sobre o pioneirismo da autora, sendo considerada a primeira romancista brasileira. Numa época em que a maioria das mulheres era analfabeta, a autora surpreende pela riqueza de referências literárias em sua obra e, principalmente, por denunciar a escravidão de forma explícita e corajosa. Conheceremos mais sobre ela no segundo capítulo, já sobre seu contemporâneo, Luiz Gama, falaremos ainda neste capítulo.

Ainda no século XIX, é imprescindível falar do "tripé" da literatura brasileira: os afrodescendentes Machado de Assis, Lima Barreto e Cruz e Souza. São esses escritores vozes precursoras de um discurso literário negro? É possível perceber um discurso pautado na afrodescendência?

As respostas para essas questões são bastante controversas. Domício Proença Filho, no artigo já citado *A trajetória do negro na literatura brasileira, por exemplo, coloca tanto Machado quanto Cruz e Souza como enunciadores de uma visão distanciada do negro. Em Machado, mesmo os contos que envolvem escravos,* como é o caso de *Pai contra mãe* e *O caso da vara*, a questão étnica se constitui apenas como pano de fundo. Para esse autor "a literatura machadiana é indiferente à problemática do negro e dos descendentes de negros, como ele." (FILHO, 2004, p.172).

Sabemos que a obra de Machado desafia críticos e leitores em geral pelo seu caráter crítico, sutil, irônico e pela capacidade de penetração "nas profundezas da alma humana". Assim, torna-se estranho falar de um Machado de Assis indiferente, sendo que este denuncia nessa e em outras obras toda a violência de uma sociedade escravocrata, fazendo críticas ao modelo social. Para Rafael Villas Boas, em matéria assinada no jornal *Irohin*, *a leitura do conto Pai contra mãe ignorando a dimensão racial é um foco possível, contudo, a fragmentação não oferece a possibilidade de mostrar a conexão entre a forma literária e a forma objetiva do conto. Assim, a leitura pelo viés fragmentado é limitada* e não evidencia, por exemplo, um movimento que diz respeito ao processo social (IROHIN, 2007).

Numa análise dos contos citados, Fantini (2014) assevera que no conto *O caso da vara* há uma indubitável denúncia à discriminação racial, uma vez que entre os personagens colocados em foco, rapaz "afilhado de senhores da classe senhorial" e moça "escrava e negra", há uma prerrogativa socioeconômica, existencial e étnica. Sobre o conto *Pai contra mãe*, a autora afirma que "*o escritor não economiza fel nem sarcasmo para denunciar a truculência contra escravos e sua descendência, a denunciar e prenunciar também a recorrência ao racismo, que é uma das facetas da ideologia escravagista*" (FANTINI, 2014. p. 159).

Em relação ao poeta Cruz e Souza, Domício Proença Filho (2004, p. 173) afirma que esse autor deixa transparecer em sua obra marcas do conflito que vivia, fazendo associações constantes entre "a cor branca como qualidade do ideal e os aspectos dolorosos da vida do negro". Conforme Conceição Evaristo (2007, p. 39), "a crítica literária toma como base a profusão de metáforas, cujo simbolismo é a cor branca, presente em sus criações". No entanto, em outros poemas, como, por exemplo, os que são dedicados à sua mãe e noiva, há uma valorização da beleza e da fortaleza das mulheres negras. Para Cuti (2010), Cruz e Souza traz implícito em seu texto, ou seja, no subtexto, marcas de um engajamento étnico. Embora sua obra não seja caracterizada por esse posicionamento, ao realizarmos uma análise de seus poemas, observa-se a presença de um eu-poético negro-brasileiro.

> O poeta antevê que o progresso da população negra e sua maior participação nas atividades até então destinadas apenas aos não negros (brancos e mestiços) enfrentarão as paredes que se elevam para barrar-lhe a caminhada e que tais obstáculos fazem parte do processo civilizatório europeu em expansão no mundo (CUTI, 2010, p. 69).

Cruz e Souza, assim como Machado de Assis, é um dos poetas que dividem bastante a opinião dos críticos. Por um lado, os estudiosos afirmam que a parte principal de sua obra está isenta do "querer-se negro", da negritude, por outro, os críticos afirmam que é necessário analisar o subtexto, o que está implícito. Partindo deste ponto vista, Otavio Ianni, no artigo *Literatura e consciência*, afirma: "Nesses autores o tema da negritude ou negrícia estaria implícito, subjacente, decantado. Mas pode ser um segredo de sua invenção literária, de tal maneira de que sem ele suas obras permaneceriam inexplicadas, inexplicáveis" (2014, p. 185).

Em relação a Lima Barreto, sabemos que este autor entrou para o cenário literário brasileiro com o romance *Triste fim de Policarpo Quaresma* (1915). Nesse livro não há "a perspectiva do narrador sensível e acusador em face o racismo" (CUTI, 2010, p. 77). O autor retrata a busca da identidade nacional a partir da experiência de um homem branco e ingênuo. "Todavia, mesmo nesta obra como em outros em que o sujeito étnico negro-brasileiro se esconde, é possível detectar a sua latência" (CUTI, 2010, p. 77). Já na obra *Recordações do escrivão Isaias Caminha* (1909), o escritor consegue mostrar toda a sua indignação contra a sociedade hipócrita e preconceituosa, discutindo as relações sociais da sociedade brasileira. Conforme Evaristo (2007, p. 39), "a obra de Lima Barreto deixa transparecer que o escritor teria um projeto de literatura marcado por sua condição de negro. Sua escrita dispunha-se a se apresentar como uma voz negra questionadora das relações raciais da época".

Dessa forma, observamos que, de maneira mais latente ou manifesta, é possível perceber um discurso precursor nas vozes de Machado de Assis, Cruz e Souza e Lima Barreto. Isso porque esses autores expressaram em suas obras marcas que apontam, além do seu tempo, referências significativas à problemática o negro.

De acordo com Cuti (2010), as vozes que exprimiam o desconforto diante o preconceito racial no final do século XIX e início do século XX, ou seja, as vozes que atuaram em prol da afirmação da identidade e na luta contra o racismo, sendo precursoras, eram solitárias. Dessa forma, lutavam de forma isolada, sem qualquer tipo de organização coletiva.

> Maria Firmina dos Reis, Luiz Gama, Cruz e Souza e Lima Barreto são exemplos do isolamento estético literário no quesito subjetividade negro-brasileira. Este isolamento, impediria, ainda por décadas, no bojo do século XX, o início de uma específica consciência coletiva no campo literário (CUTI, 2010, p. 80).

Essa organização de que o autor nos fala aparece nos movimentos iniciados na década de vinte e trinta e mais tarde nos anos setenta e oitenta. A partir da década de 70, a produção literária negra ganha mais representatividade. Para Jônatas Conceição (2006 p. 29), "a militância do movimento negro, a partir dos anos setenta começou a dar mais visibilidade a lideranças negras que lutaram pela libertação dos oprimidos e do próprio país". É preciso enfatizar que a literatura negra ou afro-brasileira está relacionada com as ideias propagadas pelo Movimento Negro, com sua política e ideologia.

Evaristo (2007, p. 38) afirma que "a expressividade negra vai ganhar uma nova consciência política sob a inspiração do Movimento Negro Brasileiro que, na década de 1970, volta seu olhar para a África".

Percebemos que, há muito tempo, a literatura negra se insinua na literatura brasileira, no entanto, é com Solano Trindade que há um grande passo da poesia escrita por negros. Esse autor rompe os grilhões estéticos estabelecidos e constrói a sua poesia de forma simples, voltada para suas próprias tradições. De acordo com Márcio Barbosa (1985), em *Reflexões sobre a literatura afro-brasileira, ele é o grande fundador da poesia negra, pois, diferente* de seus antecessores, inventa uma arte nova que rompe com a universalidade da literatura branca.

> Sem dúvida nenhuma Solano Trindade é o primeiro grande poeta negro moderno. [...] Solano constrói sua poesia de forma simples, recusa as regras conservadoras. Sua recusa estética é o rompimento não com a forma do poema simplesmente, mas com a forma da sociedade em si (BARBOSA, 1985, p. 51-52).

Torna-se importante conhecer um pouco sobre esse autor que rompe com as amarras da literatura até então produzida e inaugura uma nova forma de fazer poesia, votando-se para suas próprias tradições. Solano Trindade nasceu no Recife, em 1908, e morreu em São Paulo, em 1974. Foi poeta, ativista político e homem do teatro. Foi o criador da Frente Negra de Pernambuco e do Centro de Cultura Afro-Brasileira, além de estruturar em Pelotas, RS, um grupo de arte popular já existente, transformando-o em 1943 no Teatro Popular Brasileiro. No Rio de Janeiro, participou da fundação do Teatro Experimental do Negro, e em Embu, SP, fundou um importante centro de arte popular. Ao mesmo tempo, destacou-se como grande nome da poesia de temática e vivência negras no Brasil.

De forma geral, em seus poemas, Solano Trindade esforça-se em contribuir para a difusão de fatos históricos que já foram esquecidos ou que são mostrados através de outra perspectiva nos livros de História do Brasil. Assim, buscando recuperar eventos e trajetórias que negam os estereótipos de passividade e submissão.

No poema a seguir, o poeta questiona sobre o significado de ser negro. Afinal, o que significa ser negro em um país multiétnico e pluricultural como o Brasil? Solano Trindade no poema *Sou negro não nos deixa dúvida sobre o que é ser negro ontem, hoje e sempre:*

Sou negro

Sou negro
meus avós foram queimados
pelo sol da África
minh'alma recebeu batismo dos tambores
atabaques, gonguês e agogôs.
Contaram-me que meus avós
vieram de Luanda como mercadoria de baixo preço
plantaram cana pro senhor de engenho novo
e fundaram o primeiro Maracatu.
Depois meu avô brigou como um danado nas terras de Zumbi
Era valente como quê
Na capoeira ou na faca
escreveu não leu
o pau comeu
Não foi um pai João
humilde e manso.
Mesmo vovó
não foi de brincadeira

Na guerra dos Malés
ela se destacou.
Na minh'alma ficou
o samba
o batuque
o bamboleio e o desejo de libertação
(TRINDADE, 2005, p. 62).

O poema *Sou negro*, transcrito acima, está escrito em primeira pessoa, no entanto, a fala do eu lírico não é uma fala individual, o poema encontra suas bases na busca de uma identidade que não é solitária, mas, sim, solidária com negros de forma coletiva. O texto nos direciona para uma visão histórica, mostrando, principalmente, que a população negra não foi passiva nem submissa à escravidão. No início rememora a terra-mãe – África, destacando elementos musicais da cultura africana, e elucida a trajetória do emigrante africano trazido como escravo, "como mercadoria de baixo preço", que vai às terras alheias buscar a reterritorialização. O eu lírico faz referência às lutas travadas pelos negros. Por meio da expressão "terras de Zumbi", o quilombo de Palmares e seu líder, que são temas frequentes na poesia afro-brasileira, são reverenciados, pois constituem símbolo de luta e resistência negra. Também é feita uma referência à revolta dos Malês, episódio ocorrido na Bahia em 1835 que teve a participação de Malês, Bantos, Nagôs e outros, resultando em uma luta sangrenta. No final, destaca os elementos culturais que fazem parte da vida do afrodescendente e ressalta o desejo de libertação que sempre esteve presente na vida do homem negro.

Observamos que no poema de Solano Trindade, o eu lírico confere ao ser negro um sentimento valorativo. Os elementos que simbolizam heranças culturais estão presentes como símbolos de luta e resistência. Conforme Martins (2014, p. 402), "nas tradições culturais de matrizes africanas e afro-brasileiras, o eclético artista busca as referências estéticas que modulam a vocalidade, os timbres e ritmos de seus cantares". Dessa forma, vimos como na atividade artística do poeta está presente uma identidade revolucionária que comunga com o desejo de fazer poesia com todo espírito, cor, "raça", como toda luta presente na poesia afro-brasileira.

Não é tarefa fácil eleger as vozes que prenunciam a literatura afro-brasileira. Sabemos que durante toda a formação da literatura em nosso país existiram vozes que ansiavam por dizer-se negro e posicionar-se no âmbito textual enquanto negro. Sabemos também que por motivos vários, oriundos da sociedade preconceituosa em que viviam, outros não expressaram explicitamente sua subjetividade negra, deixando marcas implícitas em seus textos. Temos consciência que há muito tempo as vozes desejosas de falar *de si* e *por si ecoam em nossa literatura. Partindo do século XVIII, atravessando o século XIX, XX e chegando ao século XXI* com força e vontade de lutar contra o racismo, contra a opressão e contra os padrões pré-determinados, lutando principalmente pela afirmação da identidade. Muitas outras vozes virão, a voz feminina ecoará, no entanto, não podemos deixar de louvar as primeiras, as pioneiras, as quais elegemos aqui.

2.2.2. Luiz Gama: o precursor da poesia afro-brasileira

Torna-se imprescindível falar sobre Luiz Gama ao abordar a poesia afro-brasileira, pois esse autor, sem dúvida, representa um papel primordial entre as vozes que prenunciam esse movimento estético-literário.

Grande voz na segunda metade do século XIX, Luiz Gama, entre outras coisas, foi rábula (advogado sem diploma), militante político e homem dedicado à libertação de escravos, sendo fundador do abolicionismo e, sobretudo, representante da poesia negra na fase pré-abolicionista. Segundo Oliveira (2004), "torna-se difícil alguém se interessar pela poesia de Gama sem se interessar também pela sua biografia, sendo recomendável conjugar os dois interesses". Assim, faz-se necessário conhecermos, de forma breve, um pouco da biografia desse poeta.

Luiz Gonzaga Pinto da Gama, nascido em 21 de junho de 1830, em Salvador, Bahia, era filho natural de Luiza Mahin, uma negra africana livre de origem Nagô que lutou na revolta dos Malês em 1835. Mulher forte e corajosa, que Luiz descreve como "altiva, geniosa, insofrida e vingativa"[1]. Seu pai era um fidalgo e rico baiano cujo nome nunca foi revelado. Sabe-se que seu pai era filho de portugueses e cultivava péssimos hábitos: era *perdulário, janota e, entre outras coisas, jogador compulsivo. Ao ficar com a guarda do filho* (Luiza deixou Luiz com o pai para fugir para o Rio de Janeiro depois de participar de várias revoltas de escravos fracassadas e não se teve mais notícias dela) e deparar-se em grave crise financeira, o pai o vendeu aos dez anos de idade como escravo devido a uma dívida de jogo. Dessa forma, Luiz Gama constitui-se como o único líder abolicionista a ter sido escravo.

Ele é um exemplo de luta e coragem. Autodidata, colocou todo seu conhecimento de direito a serviço da libertação de escravos. É também um dos pioneiros na literatura afro-brasileira, apresentando em seus textos uma visão da situação do negro no Brasil, tendo destaque suas estrofes satíricas, como, por exemplo, o poema *Bodarrada ou Quem sou eu?, que nos faz refletir sobre o estigma do preconceito:*

---

[1] Dois anos ante de sua morte, Luiz Gama escreveu uma carta autobiográfica destinada ao amigo Lúcio Mendonça. No ano de 1880, o conteúdo da carta foi publicado em um artigo narrado pelo próprio Mendonça.

Bodarrada

[...] Eu bem sei que sou qual grilo
De maçante e mau estilo;
E que os homens
poderosos
Desta arenga receosos
Hão de chamar-me — tarelo,
Bode, negro,
Mongibelo;
Porém eu que não me abalo,
Vou tangendo o meu badalo
Com repique impertinente,
Pondo a trote muita gente.
Se negro sou, ou sou bode
Pouco importa. O que isto pode?
Bodes há de toda a casta,
Pois que a espécie é muito vasta [...]
(GAMA, 2005, p. 33).

O poema satírico *Quem sou eu?*, também conhecido como *Bodarrada*, trata-se de uma longa composição, apresentando 138 versos. O texto reflete a questão da identidade levantando a inquietante questão título: "Quem sou eu?", fazendo-nos pensar como uma elite brasileira que pretensiosamente se diz "branca" renega o contexto de muitas misturas étnicas que vivemos.

O poema utiliza uma linguagem corrosiva, um léxico agressivo com ritmo intenso e imagens intensas. Trata-se de um texto engajado, comprometido, participante e, ao mesmo tempo, de grande força poética. Observa-se o tom da fala, da oralidade, a linguagem coloquial muito expressiva, acentuada pela pulsão livre dos versos.

O poeta, valendo-se da necessidade de afirmar-se diante de uma elite branca preconceituosa, assume o cognome *bode*, apelido utilizado de forma depreciativa para denominar negros e mestiços, e estende com maestria à hipócrita sociedade brasileira:

> Aqui, nesta boa terra
> Marram todos, tudo berra;
> Nobres Condes e Duquesas,
> Ricas Damas e Marquesas,
> Deputados, senadores [...]
> (GAMA, 2005, p. 33).

Segundo Martins (1996), em artigo intitulado *Luiz Gama e a consciência negra na Literatura Brasileira*, o poema *Quem sou eu?* trata-se de uma humorística inventiva em que Gama, ao responder aos que o apelidavam de bode, transcende a uma mera resposta individual para criar uma imagem coletiva, ou seja, não só ele é bode como todos os brasileiros o são, pois participam de uma mesma base étnica. Dessa forma, ao encontrar-se mergulhado em um século impregnado por teorias raciais que determinavam o lugar do indivíduo de acordo com sua etnia, Gama assume sua veia satírica contra toda uma sociedade. Apresentando, assim, um apelo pela reversão da situação em que o negro se encontra na medida em que reveste de positividade expressões até então utilizadas com um sentido negativo que objetivam depreciar negros e afrodescendentes.

É inegável que Luiz Gama antecipa o que hoje chamamos de literatura afro-brasileira, pois, em seus textos, traz marcas de sua história, da sua identidade enquanto Ser Negro e da história de seu povo. De acordo com Souza (2000, p.7), Gama pode ser lido "como precursor de uma série textual de protesto em que o afrodescendente cria imagens e auto-imagens, e torna-se voz divergente das tradicionais de si forjadas pelo discurso estigmatizante".

Sabemos que, entre ausências e presenças do negro ao longo da história da literatura brasileira, as representações que prevaleceram foram as fadadas pelo estigma preconceituoso, o negro escravo como *fiel e subserviente* e a mulata como *erótica e sensual*. Podemos acreditar que a primeira grande figura na literatura que privilegia a participação negra, que insere o léxico afro-brasileiro e, o mais importante, que valoriza a estética do negro é Luiz Gama. Conforme Wilson Martins (1977), ele tem "uma posição igualmente única em nossa literatura, a posição, aliás insuficientemente reconhecida de ser o nosso primeiro (no sentido de grandeza) e mais alto poeta satírico". É importante notar que Luiz Gama o faz no momento em que o negro é elemento quase ausente na literatura, apesar de ser um dos elementos formadores de nossa nação e de ter contribuído fundamentalmente para a formação da riqueza de nosso país. Gama afirma a presença do negro como formador da base étnica e cultural na ocasião em que o indígena é eleito o símbolo da base ideológica para a formação da identidade nacional. Conforme Oliveira (2004, p. 229):

> Gama não foi o primeiro negro a fazer poesia escrita no Brasil, mas foi o primeiro a expressar um outro olhar possível. É preciso também considerar que, *como sujeito* ou *como objeto* o descendente de africano, a África, o escravo e o mulato pernósticos (o homem de origem negra, resgatado enquanto imagem valorizada em referência ou autoreferência (sic), ou cobrado em sua origem "esquecida") estão presentes na maior parte dos poemas constantes na *Primeiras Trovas Burlescas de Getulino*, mesmo quando não correspondem aos temas principais.

Segundo Oliveira, o negro, seja como *sujeito* ou como *objeto*, é um tema constante nos poemas de Gama. O que difere Gama de outros autores da época é a posição original e crítica que estabeleceu outras maneiras de olhar o homem negro e o colocou como sujeito de um discurso. Assim, o poeta se torna precursor do que hoje chamamos de literatura afro-brasileira. A literatura afro-brasileira retrata sobre os valores e a vida da população negra do Brasil e reage contra os estereótipos que foram criados ao longo dos tempos, que retratavam a imagem do negro sempre de forma depreciativa. Ela traz em seu bojo um compromisso de traçar uma identidade negra, o que implica, principalmente, em respeitar e valorizar as peculiaridades étnicas, valorizando também a importância da contribuição do negro e da cultura africana para a construção de nossa sociedade. Conforme Souza (2000, p. 5):

> Luiz Gama usando uma temática que se reporta frequentemente a situações ligadas a vida do negro no Brasil, antecipa a poesia abolicionista e ainda a poesia afro-brasileira contemporânea, pois que assumindo falar de um lugar marcado pela cor e tradição negras, coloca-se como sujeito e objeto de uma produção textual interessada em apontar hipocrisias e preconceitos com o intuito de reverter, noções ideias e lugares sociais.

Nessa linha, podemos considerar Luiz Gama como precursor da poesia afro-brasileira. Oliveira (2004), situando Gama na literatura brasileira, afirma que ele "antecipou, por exemplo, o sentimento de orgulho identitário através de um olhar reverso, que, no século XX, grassou e, no século XXI, ainda grassa na produção de poetas negros".

É inegável que a vida desse poeta baiano foi pautada nos valores éticos da justiça, afinal, não é à toa que Gama, ícone da luta da liberdade contra a opressão, tenha sido consagrado (entre presenças e ausências) como precursor da valorização da presença do negro na formação cultural do Brasil. Então, ao transpor esse *sentimento* para seus poemas, funda a poesia afro-brasileira.

3. A literatura afro-feminina: escrita e representações

Muitos são os escritores que podemos citar como vozes precursoras da literatura afro-brasileira. Destacamos no capítulo anterior exemplos representativos da literatura feita por negros que tem o negro não só como tema ou personagem, mas como enunciador.

O segundo capítulo da dissertação objetiva analisar a literatura afro-brasileira de autoria feminina, evidenciando as particularidades que a diferenciam e identificam dentro da própria literatura afro-brasileira. Sabemos que a literatura afro-feminina aborda os retratos das vivências diárias resultantes da reclusão e da repressão vivida, mas também da tomada de consciência sobre o corpo e dos questionamentos sobre sua própria existência, seu ser e estar no mundo, constituindo-se de temáticas, discursos e representações do universo das mulheres negras. Desta forma, vamos destacar as vozes precursoras entre as mulheres negras, cuja escrita representa tanto a luta contra o preconceito racial e de gênero como a busca pela afirmação da identidade e a valorização da importância da mulher negra na formação da cultura brasileira.

Quais seriam as vozes pioneiras de um discurso afro-feminino? Quem são as mulheres que se preocuparam em trazer em seus discursos a voz da resistência, as memórias, as tradições, a cultura, e denunciar o drama da marginalidade na qual estava submetida a mulher negra? De que forma essas mulheres exprimem suas subjetividades?

Sabemos que, ao analisar a enunciação feminina, levanta-se temas que vão além da consciência da negritude a afirmação da identidade e de gênero. Não é tarefa fácil assumir-se mulher negra em um país racista e machista como o Brasil.

Nadando contra a corrente dos discursos hegemônicos, algumas vozes afro-femininas começam a surgir. Desde o século XVIII, temos exemplos representativos de mulheres negras que ousaram assumir as rédeas da própria enunciação. Desta maneira, não poderíamos deixar de citar a história de Rosa Maria Egipcíaca da Vera Cruz, primeira afro-brasileira a escrever um livro.

Rosa Maria Egipcíaca da Vera Cruz foi o nome dado à escrava Rosa, em referência à Santa Maria Egipcíaca, ex-prostituta. Rosa nasceu em Costa da Mina, na África. Em 1725, aos seis anos de idade, foi capturada pelo tráfico negreiro e desembarcou no Rio de Janeiro, onde permaneceu até o ano de 1733. Nesse ano foi levada para Minas Gerais pelo Frei José de Santa Rita Durão e viveu como meretriz durante 15 anos. A partir daí, ao mesmo tempo em que foi acometida por uma enfermidade, começou a ter visões místicas, o que a levou a deixar a vida de prostituta para se tornar beata. Suas visões a tornaram conhecida em várias cidades mineiras. Assim, além de atrair fiéis, atraiu também os "olhos" da inquisição católica. Certa vez, interrompeu a pregação de um missionário Capuchinho dizendo ser o próprio satanás ali presente. A escrava foi presa e açoitada no pelourinho, o que lhe deixou marcas para o resto da vida. Parcialmente recuperada, foi examinada por uma junta de teólogos e exorcistas e, sendo colocada à prova, foi considerada farsante.

Após esse episódio e temendo outros possíveis problemas, Rosa decidiu voltar para o Rio de Janeiro. Foi levada pelo Padre Francisco Gonçalves Lopes, mais conhecido como Xota-Diabos, seu confessor, ex-exorcista e coproprietário. No Rio de Janeiro, os dois fundaram o Recolhimento do Parto em 1751.

Conforme o antropólogo e historiador Luiz Mott (2005), existem muitos documentos detalhados sobre a vida de Rosa Maria Egipcíaca da Vera Cruz. A história de Rosa encontra-se na Torre do Tombo em Lisboa, em três processos conservados. Está também escrita no livro de Mott, *Rosa Egipcíaca: Uma Santa Africana no Brasil*, e num romance ficcional escrito por Heloisa Maranhão, *Rosa Maria Egipcíaca da Vera Cruz: a incrível trajetória de uma princesa negra entre a prostituição e a santidade*, além de ser tema de produção de vários trabalhos acadêmicos.

Rosa representa a riqueza e a força do sincretismo religioso católico afro-brasileiro-carioca. Sendo considerada, na época, pelos seus dons espirituais como "a maior santa do céu", a quem brancos, inclusive do clero católico, mulatos e negros adoravam e veneravam. Ela é considerada por Mott como a primeira afro-brasileira a escrever um livro no Brasil. Escreveu a *Sagrada Teologia do Amor Divino das Almas Peregrinas*, um livro de cerca de 250 páginas posteriormente qualificado como heresia e parcialmente destruído pelo padre Francisco Gonçalves Lopes com o objetivo de preservá-la da Inquisição. De acordo com Luiz Mott (2005, p. 04):

> Foi a primeira afro-brasileira a escrever um livro, do qual restaram algumas páginas manuscritas. Dos seus 46 anos de fantástica existência, viveu 20 no Rio de Janeiro, de 1725 a 1733, quando foi vendida para as Minas Gerais, onde permaneceu por 18 anos seguidos, retornando à cidade de São Sebastião do Rio de Janeiro, em 1751, ficando até 1763, quando foi enviada presa para os Cárceres do Santo Ofício da Inquisição de Lisboa.

Como observamos, o livro de Rosa Maria Egipcíaca da Vera Cruz foi o mais antigo livro escrito por uma mulher negra na história do Brasil e tinha como tema as visões e os pensamentos da autora. Desse livro restaram apenas poucas páginas, pois, como afirmamos acima, ele foi rasgado para não servir de prova contrária à autora nos tribunais da inquisição.

A história de Rosa é a história de uma mulher insubmissa que não se deixou abater por sua condição subalterna e conquistou o seu espaço. Ela não era brasileira de nascimento. Mulher negra e escrava, viveu aqui as agruras da escravidão e da prostituição, sendo arrancada de sua terra natal e vivendo sob a "proteção" de seus senhores. Sujeita a todos os tipos de constrangimentos, violências e doenças. No entanto, não se contentou com o espaço ocupado por ela e traçou novos caminhos. Caminhos estes que permitiram à Rosa ser ao mesmo tempo santa e herege, amada e odiada, seguida e perseguida. A vida inteira de Rosa é marcada por transgressões: de escrava, prostituta e beata, torna-se sujeito de seu discurso, revelando sua história e vida através dos pensamentos e visões escritas em seu livro.

Elegemos como voz precursora no século XVIII Rosa Maria Egipcíaca da Vera Cruz, cuja história contamos aqui. No século XIX, Maria Firmina dos Reis e Auta de Souza são as autoras que enunciam, cada uma a seu modo, um discurso afrodescendente.

O século XIX foi marcado por profundas mudanças econômicas e sociais ocorridas na Europa ocidental que afetaram todo o mundo. O impacto dessas transformações provocou mudanças no cotidiano das pessoas, seus modos de vida, sua relação consigo e com os outros.

De acordo com Telles (2007), se por um lado o século XIX foi considerado sombrio para as classes trabalhadoras europeias, mulheres e colonizados, por outro, foi um século marcado pelo surgimento de movimentos sociais, o socialismo, o feminismo e, consequentemente, uma redefinição no papel da mulher e um novo olhar para os nativos não europeus. "A mulher passou a ser a ajudante do homem, a educadora dos filhos, um ser de virtude, o anjo do lar. Ou o oposto, as mulheres fatais e as decaídas" (TELLES, 1997, p. 403). Observamos, nessa época, um discurso sobre a natureza feminina baseado em binarismos, que na maioria das vezes não correspondem às mulheres reais. No que se refere aos seus direitos, sabemos que as mulheres não usufruíam de igualdade se comparadas aos homens. Além de serem excluídas da possibilidade de participar da vida em sociedade, da política e do acesso ao ensino superior. Na maioria das vezes, viviam uma vida desprovida de direitos, de desejos e autonomia sob o jugo de seus pais, maridos ou senhores. Dessa forma, Telles (1997, p. 403), afirma:

> À mulher é negada a autonomia, a subjetividade necessária à criação. [...] O que lhe cabe é uma vida de sacrifícios e servidão, uma vida sem história própria. Demônio ou bruxa, anjo ou fada, ela é mediadora entre o artista e o desconhecido, instruindo-o em degradação ou exalando pureza. É musa ou criatura nunca criadora.

Contrariando as expectativas desse contexto de extrema exclusão da vida social e do processo de criação cultural, muitas mulheres começam a publicar. Um exemplo disso é a maranhense Maria Firmina dos Reis, que, assim como outras mulheres de sua época, acedeu à pena, tomando para si a palavra escrita. Conforme Telles (1997, p. 403):

> Tiveram que primeiro aceder à palavra escrita, difícil numa época em que se valorizava a erudição, mas lhes era negada a educação superior, ou mesmo qualquer educação a não ser a das prendas domésticas; tiveram de ler o que sobre elas se escreveu. Tanto nos romances, quanto

nos livros de moral, etiqueta ou catecismo. A seguir, de um modo ou de outro, tiveram de rever o que se dizia e rever a própria socialização. Tudo isso tornava difícil a formulação do eu, necessária e anterior à expressão ficcional.

A poeta, contista, romancista e educadora Maria Firmina dos Reis é maranhense, nascida na capital em 11 de outubro de 1825. Sendo uma menina pobre, bastarda, mulata e vivendo num contexto de extrema segregação racial e social, poderia ter uma história igual à de muitas crianças que vivem marginalizadas. No entanto, dados de sua biografia mostram toda a sua luta e coragem diante das dificuldades da vida.

O seu pioneirismo se inicia ao ser aprovada em 1847, aos 22 anos, em um concurso público para professora primária, tornando-se a primeira professora concursada do Maranhão. De acordo com Marreco (2010, p. 237), "morava e lecionava em casa. E era conhecida como 'mestra régia', isto é, professora formada e concursada, diferente da professora leiga. Lecionar para as moças daquela época, era uma chance de desenvolvimento pessoal e de carreira". Maria Firmina dos Reis teve uma importante participação como cidadã e intelectual ao longo de sua vida. Após a aposentadoria, fundou a primeira escola mista e gratuita do estado do Maranhão. Faleceu aos 92 anos na cidade de Guimarães, no dia 11 de novembro de 1917. Depois de uma vida dedicada a ler, escrever e ensinar, estava cega e pobre.

A escritora nos deixou um legado no âmbito da educação, da cultura e das letras. Foi a primeira escritora do Brasil a expressar as ideias abolicionistas em um romance. Sua obra Úrsula, romance original brasileiro, por uma maranhense (1859) questiona a legitimidade do sistema escravista brasileiro ao mesmo temo em que denuncia a violência sofrida pelos negros. De acordo com Luísa Lobo (2014, p. 113-114):

> Concluímos que o romance *Úrsula* (1859), publicado com o pseudônimo de 'Uma Maranhense', cujo único exemplar da primeira edição foi encontrado e identificado pelo bibliófilo Horácio de Almeida, é o primeiro romance de autoria feminina brasileiro – bem como o primeiro romance abolicionista e o quinto publicado no Brasil.

Nesse Romance a autora deixa transparecer marcas de sua experiência sensível enquanto mulher negra e confere grande participação aos personagens negros, defendendo, principalmente, a abolição da escravatura. Assim, sua obra é marcada por uma forte consciência étnica e racial. Ainda de acordo com Luiza Lobo (2014, p. 119):

> A consciência da negritude de Maria Firmina dos Reis em sua obra pioneira consiste em ver a questão da abolição não sobre uma ótica universalista, europeizado e distante do cotidiano, mas sob a ótica do vencido, descrevendo as condiçoes concretas do escravo. Ela insere em toda a sua obra preciosos aspectos antropológicos que permitem ver a existência do escravo em seu aspecto real, sob a violência e o julgo de senhores e feitores que agiam sob o amparo das leis.

Com a publicação de *Úrsula* em 1859, a escritora, além de monstrar sua habilidade com palavras, mostra também a sua posição de mulher corajosa e insubmissa. Ela assume em vários de seus textos uma postura antiescravista. Conforme assinala Eduardo de Assis Duarte (2014, p. 57):

Num momento em que a igreja católica dava respaldo ao sistema e a ciência da época proclamava a 'inferioridade' dos povos africanos, o texto de Firmina coloca brancos e negros como 'semelhantes' e 'irmãos' filhos do mesmo criador. Dessa forma a autora se apropria do discurso cristão para condenar o sistema patriarcal e escravista como responsável pela opressão da mulher e do negro.

No auge da campanha abolicionista, a escritora publica o conto *A Escrava* (1887), assim como dedica-se também a discutir sobre a escravidão em diversos jornais do período, publicando crônicas, poemas e charadas. Sendo, segundo Zahidé Muzarte (2000), uma colaboradora assídua de jornais literários, como *A Verdadeira Marmota, Semanário Maranhense, O Domingo, O País*, entre outros. É importante destacar aqui que ela é autora do livro de poemas de cunho lírico/político *Cantos à Beira-Mar* (1871), do conto de cunho indianista *Gupeva*, no Semanário Maranhense (1870), e do Hino de libertação dos escravos no Maranhão, onde Firmina mostra a sua habilidade como compositora e proclama todo o seu desejo de igualdade entre brancos e negros: "Quebrou-se enfim a cadeia/Da nefanda Escravidão!/Aqueles que antes oprimias/Hoje terás como irmão!" (DELPRIORI, 2007, p. 416).

Em 1975, Maria Firmina recebe uma homenagem de José Nascimento Morais Filho, que publica a primeira biografia da escritora, *Maria Firmina: fragmentos de uma vida*. Sendo este ato de fundamental importância na recuperação e divulgação da obra da autora.

Numa época em que ser mulher era sinônimo de submissão e subalternidade, Maria Firmino dos Reis surpreende com uma produção significativa. Legando à literatura nacional textos de vários gêneros e lutando sempre em favor da mulher e do negro, contra a escravidão, a opressão, o racismo e o machismo.

Muitos estudiosos apresentam Maria Firmina como escritora, pioneira da nossa literatura de expressão feminina. Acrescento aqui o termo afro-feminino ou negra feminina, pois não podemos deixar de louvar o lugar da fala da escritora e mostrar e defender o seu papel enquanto mulher negra que usa a literatura como arma de combate e luta não só contra as mazelas sociais, mas pelo seu direito de expressão. Assim, mostrando a toda uma sociedade escravocrata e paternalista que a mulher negra é capaz, inteligente e competente. Conforme Assis Duarte (2014, p. 58):

> [...] Firmina estava à frente de seu tempo, seja como educadora votada para a inovação pedagógica, seja como escritora consciente da agilidade e penetração do jornal na sociedade da época. No momento em que a literatura e o hábito da leitura, davam seus primeiros passos no Brasil a autora soube se valer de todos os meios possíveis para chegar aos leitores.

Como vimos nas palavras de Assis Duarte, estando à frente de seu tempo, Firmina rompe com a barreira do preconceito e mostra que a mulher pode ter um papel na sociedade diferente daquele ditado pelo machismo. Ela, mulher negra, denuncia através de sua literatura as injustiças sociais presentes no seio de nossa sociedade utilizando se de vários gêneros textuais e tendo como principal suporte o jornal, importante meio de comunicação da época. Assim, sua literatura pôde ter um alcance maior entre os leitores da época.

Por se tratar de uma narrativa sobre a escravidão, que tematiza o negro a partir de uma perspectiva interna, tendo uma autoria afrodescendente, comprometida politicamente com a condição do ser negro no Brasil, o romance Úrsula, além de ser o primeiro romance abolicionista da literatura brasileira, é também o primeiro romance da literatura afro-brasileira.

Torna-se pertinente conhecer um pouco acerca dessa narrativa que se destaca pela inovação. O romance trata da trágica história de amor entre dois jovens brancos, a personagem que dá título à história, Úrsula, e o jovem Tancredo, um nobre bacharel. Sobre o enredo, afirma Assis Duarte (2014, p. 58), "traz marcas do ultrarromantismo, condensados no amor doentio do tio de Úrsula pela sobrinha que o leva ao assassinato e à loucura. No entanto, o livro supera o padrão de sua época ao tocar na questão racial como um problema para o país". Dessa forma, observamos que o tratamento dado ao escravo é o caráter inovador da obra. Tecendo considerações a respeito do tema, Molina (2010, p. 321) diz:

> A narrativa é completamente inovadora pois trata o tema escravidão de maneira diferenciada de outros autores da época, como a *Escrava Isaura* (1875), de Bernardo Guimarães que descreve a escrava de um ponto de vista eurocêntrico, dona de uma beleza branca sem qualquer traço africano, educada e sem nada que denunciasse a abjeção ao cativeiro. Em **Úrsula** o tema é abordado diretamente e, pela primeira vez, o negro tem vida própria, adquire importância em um romance brasileiro e explicita suas indagações acerca da miserável condição subalterna em que vive.

Assim, percebemos pelo tratamento dado aos personagens negros que o romance de Firmina difere da maioria dos escritos da época, uma vez que não exibe marcas de um nacionalismo patriótico comprometido com o projeto romântico de fundar a ideia de nação. Ao invés disso, preocupa-se em "destacar os personagens negros e a condenar explicitamente a escravidão" (DUARTE, 2014, p. 56).

De acordo com Cuti (2010), as vozes que exprimiam o desconforto diante o preconceito racial no final do século XIX e início do século XX, ou seja, as vozes que atuaram em prol da afirmação da identidade e na luta contra o racismo, sendo precursoras, eram vozes solitárias. Desse modo, lutavam de forma isolada sem qualquer tipo de organização coletiva.

> Maria Firmina dos Reis, Luiz Gama, Cruz e Souza e Lima Barreto são exemplos do isolamento estético literário no quesito subjetividade negro-brasileira. Este isolamento, impediria, ainda por décadas, no bojo do século XX, o início de uma específica consciência coletiva no campo literário (CUTI, 2010, p. 80).

Essa organização de que o autor nos fala aparece nos movimentos iniciados na década de vinte e trinta e mais tarde nos anos setenta e oitenta. A partir da década de 70, do século XX, a produção literária negra ganha mais representatividade. Para Jônatas Conceição (2006 p. 29), "a militância do movimento negro, a partir dos anos setenta começou a dar mais visibilidade a lideranças negras que lutaram pela libertação dos oprimidos e do próprio país". É preciso enfatizar que a literatura negra ou afro-brasileira está relacionada com as ideias propagadas pelo Movimento Negro, com sua política e ideologia. Evaristo (2007, p. 38), afirma que "a expressividade negra vai ganhar uma nova consciência política sob a inspiração do Movimento Negro Brasileiro que, na década de 1970, volta seu olhar para a África".

Não obstante a importância da década de 70 do século XX para a literatura afro-brasileira e afro-feminina, retomamos neste momento à discussão acerca das escritoras negras que nos deixaram um legado, seja no direito de usar a palavra de forma livre para falar de si, seja na luta em favor da constituição de sua identidade e gênero por meio da escrita.

Ainda no século XIX, um exemplo representativo da literatura feita por mulheres negras: a poeta norte-rio-grandense Auta de Souza. Sendo mulher e negra, pesa sobre Auta a acusação, assim como outros(as) poetas negros(as), de não ter se comprometido em seus textos com a população afrodescendente, não fazendo referências a assuntos ou personagens negros e não se colocando como mulher negra em seus escritos. A autora, embora bastante conhecida, pouco aparece nas principais publicações do país que falam sobre a literatura negra, pois, conforme alguns críticos, sua obra não pode ser identificada como de matriz afrodescendente. Por outro lado, Oswaldo de Camargo (1987) sugere que um estudo mais aprofundado de Horto possa revelar as marcas de um discurso afrodescendente.

> Tem pretendido alguns escritores negros que se incluam Auta de Souza na lista de poetas afro-brasileiros empenhados em realçar a sua porção negra, a sua africanidade, ou, pelo menos, a sua presença aqui diferenciada devido à sua cor de pele. Quem sabe se encontre sobre os versos de Horto, surda e quieta, a palavra negra de Auta. Tudo é possível, mas, que saibamos, Literatura negra se faz com indícios claros cercando mais de perto uma intenção (CAMARGO, 1987, p. 65).

Sabemos e discutimos no capítulo anterior que marcas desse conflito se insinuaram durante décadas nas obras de Machado de Assis e Cruz de Souza. Hoje em dia, o nome desses dois escritores se encontram no rol de escritores negros que foram precursores da literatura negra.

Acreditamos que a tentativa de classificação da obra poética da autora é uma das mais controversas e diversificadas. A poeta é reconhecida por alguns críticos como representante da poesia católica. Na sua formação conta os estudos no colégio São Vicente de Paula, colégio dirigido por freiras vicentinas francesas que propiciou o aprendizado de inglês, francês e literatura (inclusive religiosa), música e desenho. Mais tarde, por causa da doença[2], Auta teve que deixar o colégio e continuou sua formação como autodidata. Outros críticos tentam enquadrá-la nos contornos da estética simbolista, o que, no entanto, se constitui um equívoco. De acordo com Diva Cunha (2014, p. 255):

> No dicionário de literatura Brasileira (1972), Massaud Moisés anota que a atribuição de caráter simbolista à sua poesia deve-se a um engano, resultado da coincidência cronológica e da presença de elementos litúrgicos católicos em seus versos. Segundo o pesquisador, 'trata-se de uma poética de sensibilidade neo-rômantica (sic), tradicionalista, às vezes elegíaca, sempre singela'.

Ainda sobre o enquadramento estético da obra de Auta de Souza, Gomes (2007) ressalta o seu caráter controverso e enfatiza a possibilidade de múltiplas leituras, afastando-se, inclusive, da trágica e emblemática biografia da autora e encontrando novos significados em seus poemas. Vejamos:

---

[2] Auta de Souza foi diagnosticada com tuberculose aos quatorze anos.

> Há controvérsia sobre o pertencimento literário de Auta de Souza - entre o romantismo e o simbolismo-, bem como sobre o caráter religioso de seus escritos, bem destacada pela pesquisadora Leão (1986), em sua dissertação de mestrado sobre Auta de Souza. Sua poesia faz ressoar temas universais, como a morte, a religiosidade e a infância. Os poemas geralmente tidos como meramente religiosos conseguem ganhar novos matizes em releituras de suas imagens, como fiz adotando o método do filósofo da imaginação Gaston Bachelard, também conhecido como método de leitura de imagens pelas imagens, afastando-me um pouco da trágica biografia que se tornou por tanto tempo emblemática da vida e obra de Auta. Então, ao lado da tristeza e do sofrimento, aparece a vontade de viver, e a vontade de escrever, de fazer da palavra fonte de vida (GOMES, 2007, p. 166).

Mais importante do que sua classificação estético-literária da poesia autiana, é a compreensão do espaço conquistado por uma mulher negra na sociedade escravagista e patriarcal do século XIX. Tomada como mulher modelo, ajustada pelo ideal de feminilidade e do padrão de mulher religiosa, Auta representa uma pequena parcela de escritoras que se tornaram conhecidas. Numa época marcada pelo preconceito de raça e gênero, a poeta se enquadrou em parâmetros para ser aceita enquanto escritora. De acordo com Cunha (2014, p. 257):

> Para ser aceita como escritora, a mulher necessitava enquadrar-se no modelo do feminino

estabelecido pela sociedade, abrindo mão dos seus mais legítimos anseios e sufocando os seus desejos. A adequação ao modelo imposto exercia-se tanto na vida real e no controle da sua produção, que passava pela escolha dos temas, no tratamento dado a estes, quanto na própria linguagem, que determinava o vocabulário a ser usado.

Assim, Auta recebeu legitimação e se tornou conhecida como poetiza. Conforme Zahidé L. Muzart (1992 p. 149), "das mulheres século XIX, no Brasil, Auta de Souza não integrou o bloco das esquecidas. E até eu diria que esteve entre as mais lembradas". Desta forma, podemos afirmar que Auta ganhou visibilidade enquanto escritora principalmente porque se enquadrou em normas que orientavam sua escrita. Cunha (2014, p. 256) afirma que a popularidade de Auta se deu também pelas peculiaridades de sua vida trágica. Como sabemos, sua vida é marcada por sucessivas tragédias: perdeu de forma prematura os pais e um dos irmãos. Foi acometida pela tuberculose aos quatorze anos de idade e perdeu para a vida e para a doença o único homem que amou.

A obra da escritora está reunida em um único livro chamado *Horto. Este livro contou até 2007* com cinco edições. A primeira (1900) recebeu o Prefácio do poeta Olavo Bilac. A segunda (1911) traz uma importante nota biográfica do irmão intelectual Henrique Castriciano de Souza. A terceira (1936) trouxe o Prefácio de Alceu Amoroso. Na quarta edição (1970), Henrique Castriciano acrescentou poemas que se mantinham somente no manuscrito. A quinta edição é do ano de 2013 e traz um estudo crítico reunindo vida e obra e a síntese de tese de doutorado *Auta de Souza: representações culturais e imaginação poética*, de Ana Laudelina Ferreira Gomes.

Desde então a obra de Auta tem sido bastante estudada, e como já dissemos, também tem sido alvo de críticas, pois, sendo ela uma poeta negra, silencia sobre a própria identidade. Cunha (2014) nos diz que a identidade da autora é construída por negações. Uma dessas negações diz respeito à cor da pele, *pretendendo-se cidadã, nega-se negra*. Assim, "a segunda negação constitutiva desta identidade, que se edifica pela ausência diz respeito à cor da pele, raízes tão próximas que ainda queimavam a carne" (CUNHA, 2014, p. 258). Ainda, esse silenciamento é atribuído aos seus biógrafos e críticos. Em seus textos há uma espécie de "embranquecimento" da poeta como forma de fuga do mundo desvalorizado, no qual habitavam negros e mestiços. Acreditamos que esses fatores contribuíram para a aceitação da autora e divulgação de sua obra.

Assim como o poeta Cruz e Souza, Auta também explora em seus poemas, de forma exaustiva, as metáforas relacionadas à cor branca. Entretanto, encontramos em alguns de seus poemas alusão à cor mestiça, *morena*. No poema *Versos ligeiros, o eu* lírico nos apresenta uma moça *recatada, morena, franzina, uma verdadeira fada*. Não corresponderia essa descrição à própria Auta de Souza, trazendo para seus poemas traços de sua identidade afrodescendente?

Versos ligeiros

Eu acho tão feiticeira
A Noemita da esquina,
Com o seu recato de freira,
Muito morena e franzina;

Que fico toda encantada
Quando na Igreja a contemplo,
Pois cuido ver uma fada
Ajoelhada no Templo. [...]

A trança de seus cabelos,
(Como ela é negra, Jesus)!
Semelha um lindo novelo
Tão preto que já reluz
(SOUZA, 2001).

O poema *Morena* é dedicado "*à* moça mais bonita de minha terra", o eu lírico elege como uma moça bonita, a moça morena de olhos rasgados e escuros que se assemelham a um céu estrelado. Como vimos, essa moça graciosa tem a pele morena e os olhos escuros, sendo uma verdadeira flor. O poema é singelo e ressalta de forma metafórica traços das características da própria autora.

Morena

Ó moça faceira,
Dos olhos escuros,
Tão lindos, tão puros,
Qual noite fagueira!

Criança morena,
Teus olhos rasgados
São céus estrelados
Em noite serena!
[...]

Em chamas serenas,
Tão mansas e puras,
Teus olhos escuros,
Ó flor das morenas!
(SOUZA, 2001).

A visibilidade conferida à Auta de Souza demonstra que a mulher negra e nordestina pode ter espaço no meio literário. Sua vida e a expressividade de sua obra servem como referencial para uma literatura que dá espaço à produção de minorias étnicas. Embora não tenha existido de maneira expressiva em seus textos uma pretensão étnica, a autora conquistou seu espaço mediante suas criações, suas particularidades estéticas. Nas palavras de Oswaldo de Camargo, o nome de Auta deve ser trazido à memória pela sua autenticidade e representatividade enquanto poeta. Assim, Camargo (1987, p. 65) afirma:

> E é aí que as mulheres negras têm razão de trazer à memória, dentro da sua busca de igualdade a preta Auta de Souza: ela foi autêntica poeta, e como tal é um nome que permanece. [...] Auta de Souza, despretensiosa, foi poeta. Bastou isso, deixou marcas e fica na literatura brasileira apenas com isso. Por que mais?

Auta de Souza foi poeta, mas foi também mulher negra na preconceituosa sociedade oitocentista. Decerto teve que superar barreiras de gênero e raça para ser aceita enquanto escritora. A autora carrega a pecha de ter se omitido sobre a situação do negro na sociedade em que viveu e até mesmo de não fazer referência a sua ascendência negra. Entretanto, já afirmamos que não é tarefa fácil assumir-se enquanto negra numa sociedade marcada pelo preconceito tanto racial como de gênero. Assim, para ser bem aceita nos espaços das letras, suas subalternidades foram algumas vezes omitidas. O que não a impediu de nas linhas e nas entrelinhas dos seus poemas relevar traços sublimes de sua *morenice*.

Fechando o ciclo dessas importantes escritoras, selecionadas aqui como exemplo de representatividade da mulher negra, trazemos para a discussão Carolina Maria de Jesus, importante representante do século XX para a escrita negra feminina. A marcas deixadas por essa escritora tornam-se herança literária para as gerações vindouras e, com certeza, para Conceição Evaristo, autora em estudo neste texto.

Carolina Maria de Jesus, mulher negra, favelada, semianalfabeta, catadora de papel nas ruas de São Paulo, que se tornou fenômeno editorial e midiático ao tomar para si o ato de escrita.

A vida e a obra de Carolina Maria de Jesus são surpreendentes, dividida entre as tarefas diárias de uma mãe, catar papel nas ruas de São Paulo e escrever em cadernos velhos que encontra no lixo. O que difere Carolina de outras mulheres de seu meio social é sua paixão pela escrita e a sua capacidade em se tornar voz para os que sofrem as mazelas da pobreza.

Sua primeira obra, *Quarto de despejo: diário de uma favelada*, foi publicada em 1960 pela Livraria Francisco Alves, com a edição do Jornalista Audálio Dantas[3]. Nesse livro-diário, a escritora retrata o ambiente de marginalização na qual vivia com seus filhos e denuncia a fome, a violência, os abusos e os preconceitos pelos quais passavam sua família e os outros moradores da favela. Lopes (2010, p. 175) diz que, ao documentar o cotidiano da favela, Carolina se torna indesejada no lugar onde vive, pois torna público algo que é privado. Coloca a olho nu o cotidiano de pobreza e a humilhação social e moral a que estão sujeitos os moradores da favela do Canindé. Lopes (2010, p. 175) atesta:

> A escrita diferencia Carolina dos demais moradores da favela, naquele universo marcado pelo analfabetismo ela se torna um incômodo,

---

[3] Audálio Dantas fazia uma reportagem sobre a favela do Canindé quando "descobriu" Carolina Maria de Jesus. De posse dos escritos da autora, o Jornalista editou os textos e publicou em 1960.

um ser fora do lugar. Pelo fato de se autodenominar escritora, antes mesmo da publicação do livro, ela é insultada pelos moradores por almejar um *status* intelectual que, de acordo com o senso-comum só é digno de quem reside nos 'Palácios' ou nos 'jardins' das grandes cidades. A escrita também exerce o papel de instrumento de defesa e a certa altura do livro confessa que, não tendo força física para lutar contra os insultos, ela usa suas palavras cuidadosamente afiadas capazes de ferir mais do que a espada.

Carolina Maria de Jesus é uma escritora autêntica? O que é admirável na obra de Carolina? O que provoca encantamento na sua escrita? Para alguns críticos, um dos principais atestados de autenticidade da autora são os seus problemas com a língua portuguesa devido à sua baixa escolaridade, o que na verdade constitui um paradoxo. Joel Rufino dos Santos, em seu livro *Carolina Maria de Jesus: uma escritora improvável* (2009), comunga dessa ideia quando diz: "O admirável é alguém ter escrito uma obra, cerca de cinco mil manuscritos, da anotação breve ao romance, com o domínio tão pequeno da norma culta" (p. 24). Além disso, o autor ressalta o poder de descrição, a capacidade de criar belas imagens poéticas, o ritmo essencial na escrita e poder de concisão da autora. Assim, acrescenta:

> Carolina Maria de Jesus, foi autêntica escritora; ficam pequenos diante dela, os que a menosprezaram ou os que a tomaram somente como fenômeno de mídia. Honrou – para usar a expressão convencional – o ofício de escritor (SANTOS, 2014, p. 24).

Sabemos que a linguagem utilizada por Carolina foi alvo de muitas críticas. Se por um lado a escritora escrevia numa linguagem simples, natural, cometendo infrações de gramática e ortografia, por outro, a linguagem também era marcada por um léxico rebuscado, por vezes fora de moda. Mariza Lajolo (2014) reitera que o livro da escritora é marcado por um desencontro com o sistema literário de seu tempo, pois este proclamava como ideal a linguagem informal e cotidiana, porém respeitando a norma culta, em oposição ao antigo modelo parnasiano-acadêmico. Assim, observamos a audácia de Carolina, que utiliza uma linguagem cotidiana, ao mesmo tempo em que retoma traços da alta literatura, imitando um vocabulário rebuscado para relatar o dia a dia de sua vida, revelando uma forma peculiar de utilizar a linguagem, que vai da simplicidade à presunção.

Joel Rufino dos Santos (2009), em seu já citado livro, nos apresenta a história da escritora negra, favelada e semianalfabeta que conseguiu tornar-se mundialmente famosa apesar de reunir todas as improbabilidades possíveis para alcançar o sucesso. Conforme o autor, Carolina era uma mulher *interessante*. Por um lado, revelava-se marrenta e *bovarista*[4], por outro, era muito inteligente e até mesmo solidária. Assim, o autor nos apresenta, em flashes, a história de Carolina e nos lembra que ela são três: *mulher*, *escritora* e *personagem*. "A personagem está nas entrelinhas de seus livros; a autora, nos seus escritos; a mulher, nos fatos de sua vida" (SANTOS, 2009, p. 21).

Carolina foi uma estrela. Passou de forma meteórica pelo firmamento da fama, mas, de repente, a estrela se apagou. Sucumbiu ao sucesso, morrendo pobre e reclusa num sítio em Parelheiros, distrito rural no extremo sul de São Paulo. Ainda conforme Santos (2009), ela não sabia lidar com o dinheiro nem com a fama e foi possivelmente

---

[4] O autor toma por empréstimo o termo bovarista de Emma Bovary, personagem do escritor francês Gustave Flaubert, utilizado para exemplificar a distância entre o que a pessoa é de verdade e o que ela supõe ser. Dessa forma, o termo designa o contraste entre as ilusões e aspirações de Carolina Maria de Jesus.

ludibriada em direitos autorais e cachês por editores, produtores e administradores. Por isso, foi da fortuna à carência. No entanto, o autor ressalta outros fatores de ordens sociais e econômicas que contribuíram para a queda de Carolina:

> Penso que essa mudança de hábitos, resultante da conjunção da mudança brasileira com a mundial, derrubou Carolina mais do que a *burrice* e/ou *racismo* dos editores que não aceitaram editar/ reeditar seus textos, desprezando o sucesso comercial de *Quarto de despejo*, e de jornalistas que a *tiraram de pauta* c no jargão profissional (SANTOS, 2009, p. 104).

Os tempos eram outros, e Carolina foi "devorada" pela mesma mídia que a promoveu. Seu livro foi lançado num momento de incertezas políticas, marcado pelo fortalecimento dos movimentos de esquerda nos países do Ocidente tanto no plano político quanto no ideológico.

Mariza Lajolo (2014) nos fala sobre o papel da mídia nos anos de 1960 no sistema literário. Para a autora, a mídia desempenhava papel decisivo para visibilizar e promover autores e obras. Assim, o livro de Carolina ganhou destaque internacional, tendo sido traduzido em 14 idiomas e atingido mais de 40 países. Lajolo ainda ressalta que a autora foi destaque de reportagens dentro e fora do país; foi personagem de documentário em 1975, na Alemanha; em 1977, Quarto de despejo inspirou um filme pela Scappelli Film Company; e a Universidade de Miami mantém até hoje um projeto de divulgação e discussão de sua obra, entre outas atividades. A autora também relata que o interesse por Maria Carolina de Jesus no Brasil é esporádico.

Carolina Morreu em 1977. Ao falecer, deixou muitos textos inéditos. Além dos diários, já conhecidos, a autora também escreveu romances, contos, poemas, peças de teatro, pensamentos e ensaios, o que mostra toda a sua versatilidade. Seu livro inédito, *Diário de Bitita*, foi publicado inicialmente na França em 1982 e só em 1986 no Brasil. Nessa obra ela retrata os temas da injustiça social, da opressão, do preconceito contra os negros e dos abusos dos poderosos a partir da sua vivência.

Para Conceição Evaristo, as discussões acerca da escritora Carolina Maria de Jesus são marcadas pela sua condição de mulher negra favelada e de pouca instrução escolar. Além da "interferência" do jornalista Audálio Dantas na correção dos seus textos. No entanto, o que interessa para Evaristo (2014, p. 44):

> [...] é pensar a escrita, ou o desejo de escrita de uma mulher negra e favelada como algo que extrapola o próprio texto em si. O desejo, a crença no direito de ser escritora, a insistência em fazer da pobreza, do lixo algo narrável já constitui um audacioso movimento.

Audacioso movimento que Carolina Maria de Jesus exerceu em toda a sua vida, pois, mesmo reunindo todos os empecilhos para se tornar uma autora mundialmente famosa, tornou-se. A escrita de Carolina transcende a realidade e constrói uma interpretação sensível do mundo. Os estudos acerca da autora revelam seu talento e sua originalidade, que consiste, entre outras coisas, na capacidade de transformação do que é "feio" em "beleza" e lirismo poético. "Lido sem preconceito o primeiro lixo da catadora de lixo revela, às primeiras linhas talento literário, não do tipo 'minha vida daria um livro', mas a habilidade de fazer brilhar o que em si mesmo é insonso" (SANTOS, 2014, p. 24).

É mister considerar que a geração de escritoras que adentrou no século XXI tem como genuína herança literária a escrita periférica de Carolina Maria de Jesus. Evaristo (2014, p. 42) constata:

> Para a mulher negra, de Carolina Maria de Jesus até nós – escritora de hoje, de agora – quando nos apossamos da pena, da caneta, e aqui estou pensando da caneta em termos simbólicos, recorro ao sentido fálico que esse objeto guarda em relação ao poder masculino. Creio que quando uma mulher negra cria para si, inventa para si uma posição de escritora, ela está se apoderando da pena, está ocupando um lugar social que normalmente não é um lugar visto, não é um lugar permitido à mulher, principalmente à mulher negra.

Desta forma, podemos citar que Carolina Maria de Jesus é uma das precursoras da literatura afro-feminina. Ao ocupar um lugar que não é permitido para si, pela sua condição social, étnica e de gênero, ela se reinventa. Traz suas memórias, suas histórias, narra seu cotidiano com uma forma peculiar de ver o mundo. Ao se apossar da pena, se diz e se faz escritora, rompendo com um lugar predeterminado para uma mulher negra. Reiterando seu discurso, Evaristo (2014, p. 42) conclui que:

> Quando uma mulher como Carolina Maria de Jesus, crê e inventa para si uma posição de escritora, ela já rompe com um lugar anteriormente definido para ela. Uma favelada, que não dispõe do manejo da língua portuguesa (como querem os gramáticos ou os aguerri-

dos defensores de uma língua portuguesa erudita), ela ainda assim insiste em escrever em restos de cadernos, em folhas soltas, escrever no *lixo* o *lixo* em que vivia.

Na literatura afro-brasileira de autoria feminina, o processo histórico de consolidação se apresenta com o tom reivindicatório da tomada da palavra enquanto objeto de representação dos desejos, anseios, histórias, memórias e narrações sobre si e sobre o mundo ao redor. As vozes literárias negras e femininas assumem uma ação transgressora ao se apropriar do discurso e constituir-se enquanto autoras.

A escrita feminina sempre se manteve à margem do processo literário deste país. Só recentemente tenta-se resgatar a obra produzida por mulheres para que seus importantes textos integrem o rol de leitura acadêmicas e possam também atingir o grande público. Assim, não poderíamos deixar de trazer à baila o papel das mulheres neste contexto literário caracterizado pelo processo contínuo de (re)invenções e narrações sobre a identidades.

Com Rosa Egipcíaca trazemos o retrato de uma escravizada, que embora não tenha nascido no Brasil, viveu aqui e registrou em um livro de 250 páginas suas memórias e visões, tornando-se, assim, a primeira afro-brasileira a escrever um livro. Símbolo de mulher corajosa e à frente de seu tempo, Maria Firmina dos Reis foi a primeira brasileira a escrever um romance. A autora lutou com a arma que tinha, a palavra. Lutou contra o racismo, o machismo e a opressão, e deixou seu nome marcado na história literária deste país. Auta de Souza precisou superar barreiras de gênero e de raça, e como escritora, ganhou visibilidade e notoriedade. Carolina Maria de Jesus, a escritora que fez do lixo seu luxo. Mulher forte, madura e inteligente. Estrela de brilho efêmero que se eternizou em seus escritos. Esses são apenas alguns exemplos de mulheres negra fortes, insubmissas e guerreiras que fizeram da palavra arma de combate. Poderíamos citar outras, mas as histórias contadas aqui bastam por si.

3.1. Identidade, diferença e a constituição do ser feminino

As questões relativas à identidade e diferença atualmente se encontram no centro do novo cenário político e social no qual vivemos. Na medida em que novos grupos sociais ganham visibilidade e buscam afirmar suas representações identitárias, diferente das forjadas anteriormente.

Mulheres negras lutam por uma identidade negra combativa e reivindicatória de direitos em uma sociedade dominada pela ideia hegemônica da democracia racial. Elas buscam a afirmação da identidade como sujeitos de sua história utilizando, principalmente, uma das formas propulsoras de expressão das minorias: a arte, mais especificamente, a literatura. Conforme Cuti (2010), a literatura, diferentemente da história, nos traz a possibilidade de experimentarmos as emoções e sensações das personagens e/ou "eu líricos". Assim, escritores negros-brasileiros, ao trabalharem temas como o preconceito e a discriminação racial (temas dotados de grande carga emocional), contribuem de forma positiva para a vontade de promover mudanças. "Na releitura emocionada da história, escritores negros vão estabelecer uma forte empatia com outros negros, constituindo como eles uma noção de coletivo" (CUTI, 2010, p. 94).

É inegável o poder de conscientização, reindentificação racial e mobilização da literatura. Sobre a Literatura, Cuti (2010, p. 94) ainda nos diz: "E a literatura é poder, poder de convencimento, de alimentar o imaginário, fonte inspiradora do pensamento e da ação". A arte literária é uma arma de luta com características próprias e particularizantes, é um modo de agir contra os padrões impostos historicamente.

Nosso jeito de ser, falar, vestir, pensar, o que assistimos na televisão, ouvimos no rádio e o que lemos foram determinados ao longo do tempo pelos "outros", por padrões externos. O discurso literário, além de arma de luta, nos permite a construção de uma identidade própria, uma identidade negra expressada por meio do discurso literário.

O processo da construção da identidade perpassa por variadas e singulares situações, mas compreende também a autoaceitação e autocompreensão. Em nosso país, esse processo é marcado por uma enorme complexidade. Há pessoas com aspecto físico europeu e tez branca que se designam negras em virtude da descendência; há, por outro lado, negros com traços africanos que se designam brancos. É fundamental entender que o ser negro no Brasil não se limita a características físicas, e sim escolhas políticas. Assim, é negro e descendente quem como tal se define.

Dessa forma, não cabe a uma pessoa apontar quem é negro ou não no Brasil, pois não se trata somente de estética, de herança. A pertença a uma etnia é muito mais complexa e abarca uma subjetividade. Muitos negros se valem dos termos "mulato", "moreno" ou "pardo" numa espécie de "fuga". Muitos brancos usam esses mesmos termos quando lhes são convenientes. A negação para os negros é uma espécie de fuga da discriminação e do racismo. A afirmação para os brancos funciona, muitas vezes, como forma de obter vantagens diante dos programas de ações afirmativas[5] criadas pelo estado, entre outras coisas para a promoção da igualdade de oportunidades.

Decerto, é importante admitir que não é fácil ser negro em um país em que o preconceito racial, velado ou explícito, está presente em todas as esferas de relação e onde o símbolo negro é associado constantemente a elementos negativos. Expressões do tipo: "a parte

---

[5] Ações afirmativas, segundo o Estatuto da Igualdade Racial, são os programas e medidas especiais adotadas pelo Estado e pela iniciativa privada para a correção das desigualdades raciais e para a promoção da igualdade de oportunidades. Citamos como exemplo as cotas para acesso de negros e descendentes às universidades.

negra da história", "denegrir a imagem", "a negridão dos fatos", "ovelha negra" são usadas a todo o momento, também e principalmente nos discursos de estudiosos. Isso mostra que o preconceito racial está bastante presente em nossa sociedade, e como afirma Fanon (1986), *é um mal a ser extirpado.*

Assim, assumir-se negro implica em compreender os valores próprios da cultura, as lutas travadas ao longo da história e as diversas formas de resistência. Implica também em estar sensível aos sofrimentos oriundos de tantas formas de desqualificação: ridicularização de traços físicos por meio de apelidos e piadas de mau gosto, preconceito explícito com as religiões de origem africana e brincadeiras depreciativas sobre a cor da pele, o cabelo e outros. A aceitação implica também em livrar-se dos complexos de inferioridade instituídos ao longo dos tempos pelos valores brancos e valorizar suas potencialidades. Fazer com que o homem negro, citando novamente Fanon, não seja *escravo de sua negrura.*

Seguindo a poesia negra uma linha de descoberta e de afirmação da identidade, além de lutar contra o racismo, contra a opressão e contra os padrões pré-determinados, é importante enfatizar que esta luta implica em um grande período de busca, de sofrimentos e rejeições. A busca pela afirmação da identidade resulta de uma grande reflexão sobre quem somos, o que desejamos, o quanto podemos e com quem podemos contar. Ao colocarmo-nos em campo para lutar pela modificação de algo massacrante em nosso cotidiano, devemos nos valer sempre dos padrões éticos, da percepção e da justiça.

Ao falarmos em identidade, devemos tê-la em mente sempre como um processo em construção. Sendo formada tanto nas relações com o outro, na interação social em que vivemos, pela forma como nós próprios nos vemos e pelo poder das escolhas que realizamos. A sociedade que vivemos é atualmente marcada pela dinamicidade e instabilidade do mundo globalizado e pós-moderno, dessa forma o processo de formação identitária também reflete esse mundo dinâmico e está susceptível às escolhas feitas por cada indivíduo. Conforme Bauman (2005, p. 19), "as identidades flutuam no ar, algumas de nossa escolha, mas outras infladas e lançadas pelas pessoas em nossa volta, é preciso estar em alerta constante para defender as primeiras em relação às últimas".

Bauman (2005), em seu livro *Identidade,* discute a questão da identidade no mundo líquido-moderno, desenvolvendo uma reflexão que parte de sua própria experiência de refugiado em outro país, mas também da condição do sujeito contemporâneo. O autor relaciona aos fenômenos contemporâneos da globalização conceitos como pertencimento e deslocamento.

A mudança da sociedade de produção para a sociedade de consumo resulta num processo de fragmentação da vida humana. Noções como a de "pertencimento" a uma comunidade ou nação entram em crise, pois não há mais como se pensar a vida nesses termos em sociedades cada vez mais individualizadas. No que se refere à identidade, seu papel torna-se cada vez mais importante. Ao se redefinir o significado, os propósitos da vida, o homem redefine também sua identidade.

Um dos aspectos discutidos na obra de Bauman é a alegoria do jogo de quebra-cabeça com o objetivo de explicar como se compõem as identidades pessoais. De acordo com a metáfora elaborada pelo sociólogo polonês a identidade é composta da mesma forma que as peças de um quebra-cabeça. No entanto, enquanto um quebra-cabeça convencional vem completo, com uma imagem predefinida e caminhos determinados, a identidade só pode ser comparada a um quebra-cabeça incompleto "ao qual faltem muitas peças (e jamais se saberá quantas)" (BAUMAN, 2005, p. 54). Para Bauman, a tarefa de resolver um quebra-cabeça convencional é uma tarefa *direcionada para o objetivo,* enquanto isso, na identidade o trabalho é *direcionado para os meios.* Assim, enquanto há um único caminho para o quebra-cabeça convencional, onde a linha de chegada é uma imagem conhecida previamente, na identidade o jogo de experimentar diversas possibilidades é o que nos leva a descobrir caminhos. Reiterando este pensamento, Bauman (2005, p. 55) acrescenta:

> Podemos dizer que a solução de um quebra-cabeça segue a lógica da racionalidade *instrumental* (selecionar os meios adequados para um determinado fim). A construção da identidade, por outro lado, é guiada pela lógica da racionalidade do *objetivo* (descobrir o quão atraentes são os objetivos que se pode conseguir com os meios que se possui).

Podemos, ainda, estabelecer uma diferença fundamental entre o jogo convencional e o processo e construção da identidade. Enquanto no jogo teremos um resultado coeso, ou seja, a imagem será formada dentro do que está preestabelecido, o processo de construção da identidade é lacunar e conflitante. Bauman (2005) acrescenta que a forma como os vários pedaços se encaixam uns nos outros, formando assim uma suposta identidade coesa, é reveladora, no entanto, errônea. Para nossos contemporâneos, habitantes do mundo *líquido-moderno*, a possibilidade de "uma identidade coesa, firmemente fixada e solidamente construída seria um fardo, uma repressão, uma limitação da liberdade de escolha" (BAUMAN, 2005, p. 60).

Sendo assim, nada de coesão ou regras fixas. O mundo é dinâmico e cheio de oportunidades. Cabe a cada ser humano fazer suas escolhas e ajustar as peças de seu quebra-cabeça infinitamente. Afinal de contas, homens e mulheres são senhores de suas vidas, dotados de inteligência e culturalmente ativos.

Um dos conceitos que estão atrelados à discussão sobre a identidade e que se encontra no centro da teoria social e da prática política é o que diz respeito à questão da diferença. Identidade e diferença são conceitos social e culturalmente produzidos e por isso precisam ser discutidos e questionados.

Tomaz Tadeu da Silva (2014b), em ensaio intitulado *A produção social da Identidade e da diferença*, busca problematizar e questionar esses conceitos enfatizando, entre outros aspectos, a tentativa de reduzi-los, simplesmente, a uma questão de respeito e tolerância para com a diversidade. As questões relativas à identidade e à diferença não se esgotam nessa finalidade. Desta forma, o autor levanta uma série de questões que precisam ser levadas em conta para a construção de uma pedagogia crítica e questionadora: "Não deveríamos [...] ter uma teoria sobre a *produção* da identidade e da diferença? Quais implicações políticas de conceitos como diferença, identidade, diversidade e alteridade? O que está em jogo na identidade?" (SILVA, 2014b, p. 74).

Em seu ensaio, Silva (2014b) ressalta que, embora a identidade e a diferença existam independentemente uma da outra, há uma relação de dependência entre os termos, sendo, pois, inseparáveis. Assim, as afirmações sobre a identidade só fazem sentido se forem compreendidas em sua relação coma diferença e vice-versa. Exemplificando: uma afirmação como "Sou brasileiro" é parte de uma extensa lista de expressões negativas ("não sou argentino", "não sou japonês"), assim como uma afirmação sobre a diferença: "Ela é chinesa" traz em si uma extensa cadeia de expressões negativas sobre outras identidades ("Ela não é brasileira", "Ela não é chinesa").

Conforme Silva (2014b), a identidade e a diferença são criações sociais e culturais e partilham de uma importante característica: resultam de atos de criação linguística, ou seja, são criadas por meio de atos de linguagem. A linguagem, por sua vez, é caracterizada pela indeterminação e pela instabilidade. Assim, Silva (2014b, p. 80) assevera:

Na medida em que são definidas, em parte, por meio da linguagem, a identidade e a diferença não podem deixar de ser marcadas, também pela indeterminação e pela instabilidade. Voltemos, uma vez mais ao nosso exemplo da identidade brasileira. A identidade "ser brasileiro" não pode, como vimos, ser compreendida fora de um processo de produção simbólica e discursiva, em que o "ser brasileiro" não tem nenhum referente natural ou fixo não é um absoluto que exista anteriormente à linguagem ou fora dela. Ela só tem sentido em relação com uma cadeia de significação formada por outras identidades nacionais que, por sua vez, tampouco fixas, naturais ou predeterminadas.

Sendo a identidade o resultado da produção simbólica e discursiva, ela está sujeita a vetores de força e relações de poder. Onde existe identidade e diferença, existe poder. Uma das marcas da relação de poder está o processo de incluir e excluir, demarcar fronteiras, classificar e normalizar.

Umas das formas privilegiadas de hierarquização da identidade e da diferença é fixar uma determinada identidade como norma. De acordo com Silva (2014), normalizar significa eleger, de forma arbitrária, uma identidade como parâmetro em relação às outras. No processo de normalização se atribuem todas as características positivas a uma identidade e todas as negativas às demais. A identidade "normal", "natural", desejável e única é vista de forma privilegiada. No entanto, a mesma força que homogeneíza a identidade vista como "normal" é proporcional a que produz sua invisibilidade, pois, como já sabemos, há uma relação de interdependência entre identidade e diferença. Assim, a identidade hegemônica, "aceitável", "desejável" e "natural" é constantemente atemorizada pelo seu "outro": "abjeto", "rejeitável" e "antinatural".

Dessa forma, há por um lado um movimento que busca fixar e estabilizar a identidade e por outro os processos que buscam subvertê-los e desestabilizá-los. A fixação, ao mesmo tempo que se constitui uma tendência, constitui também uma impossibilidade. Silva (2014) destaca alguns elementos que são utilizados na tentativa de fixação de uma identidade, como, por exemplo, os argumentos biológicos na dinâmica da identidade de gênero; o apelo aos mitos fundadores e a imposição da língua no caso da fixação das identidades nacionais.

Dos processos de subversão e desestabilização das identidades, o autor cita o hibridismo, que está diretamente relacionado com as produções das identidades nacionais, raciais e étnicas. Conceituando o hibridismo, Silva nos diz que o termo está ligado aos movimentos demográficos: às diásporas, deslocamentos nômades, viagens e cruzamento de fronteiras. Esses movimentos permitem a mistura entre diferentes identidades. Assim, Silva (2014b, p. 87) ressalta:

> Na perspectiva da teoria cultural contemporânea, o hibridismo – a mistura, a conjunção, o intercurso entre diferentes nacionalidades, entre diferentes etnias, entre diferentes raças – colocam em xeque aqueles processos que tendem a conceber as identidades como fundamentalmente separadas, divididas, segregadas.

É no movimento de hibridização que a teoria cultural contemporânea busca base para teorizar sobre os processos que procuram desestabilizar e subverter a tendência de fixação das identidades. A diáspora forçada dos negros africanos é um exemplo desse movimento, como ressalta Silva (2014b, p. 88):

Diásporas, como as dos negros africanos escravizados, por exemplo, ao colocar em contato diferentes culturas e ao favorecer processos de miscigenação, colocam em movimento processos de hibridização, sincretismo e crioulização cultural que, forçosamente transformam, desestabilizam e deslocam as identidades originais.

Assim, observamos que o movimento entre fronteiras promove a instabilidade. Isso porque permite ultrapassar os limites entre os territórios das diferentes identidades, possibilitando a construção de identidades múltiplas.

Kathryn Woodward (2014), no ensaio *Identidade e diferença: uma introdução teórica e conceitual*, discute de forma bastante didática os principais elementos da relação entre os conceitos de identidade e diferença. Sobre os processos de desestabilização das identidades ou "identidades em crise", a autora cita o movimento de migração de trabalhadores. Para a autora, a migração, fruto do processo de globalização, é responsável pela produção de identidades plurais, mas também de identidades contestadas. Esse processo, na mesma medida em que fortalece e reafirma identidades nacionais e locais, leva ao surgimento de novas identidades. Sendo ao mesmo tempo *desestabilizadas*, mas também *desestabilizadoras*.

Outro tema tratado por ambos os autores diz respeito aos sistemas de representação. Para Silva (2014b), a identidade e a diferença estão, segundo a teoria cultural contemporânea, estreitamente ligadas aos sistemas de representação. Nesse contexto, devemos compreender a representação como um sistema de significação, uma forma de atribuição de sentido. Expressando-se sempre por meio de marcas ou traços simbólicos visíveis.

A representação se liga à identidade e à diferença pois, "é um sistema linguístico e cultural: arbitrário, indeterminado e estreitamente ligado a relações de poder" (SILVA, 2014, p. 91). A identidade é definida e determinada por quem tem o poder de representar. Assim, ao questionarmos a identidade e a diferença, estamos questionando ao mesmo tempo os sistemas de representação que lhe dão suporte e sustentação.

Conforme Kathryn Woodward (2014), é através da representação que nós damos sentido à nossa experiência e aquilo que somos. Para Woodward (2014, p. 18):

> A representação, compreendida como um processo cultural, estabelece identidades individuais e coletivas e os sistemas simbólicos nos quais elas se baseiam fornecem possíveis respostas às questões: Quem sou eu? O que eu poderia ser? Quem eu quero ser? Os discursos e os sistemas de representação constroem os lugares a partir dos quais os indivíduos podem se posicionar e a partir dos quais podem falar.

Como sabemos, as representações são construídas social e historicamente e se internalizam no inconsciente coletivo dos indivíduos formando as identidades. O que somos, o que podemos e queremos ser são construídos a partir dos significados produzidos pelas representações e, portanto, podem e devem ser questionadas.

Além do conceito de representação, Silva (2014b) nos apresenta em seu ensaio o conceito de performatividade. Este conceito foi desenvolvido inicialmente por J. A. Austin (1998) e ampliado pela teórica Judith Butller (1999). Ainda, consiste na construção de proposições que não se limitam a descrever fatos, coisas, mas que permite a realização, a efetivação de algo. Um exemplo disso é a proposição citada pelo autor: "Eu vos declaro marido e mulher". Essa proposição nos permite compreender que são performativas as proposições extremamente necessárias para a consecução do trabalho anunciado. No entanto, algumas sentenças descritivas acabam se tornando uma descrição sobre uma pessoa negra do sexo masculino, entretanto, o termo contribui de forma negativa, reforçando o preconceito. É bastante comum que as pessoas reforcem, de forma negativa, as características indenitárias de um grupo, julgando apenas estar descrevendo um fato.

Se torna importante ressaltar que a eficácia produtiva das proposições performativas está na capacidade incessante de repetições. É da possibilidade de repetição que uma proposição performativa tem força no processo de construção da identidade. Butller (apud SILVA, 2014b) nos traz a ideia de que a mesma repetição que garante a eficiência dos atos performativos e, por sua vez, reforça as identidades existentes, pode significar, também, a interrupção das identidades hegemônicas e a instauração de novas identidades.

Em conclusão, o autor ressalta que a teorização cultural contemporânea sobre a identidade e a diferença não permite abordá-las no âmbito educacional simplesmente como uma questão de tolerância e respeito para com a diversidade. Assim, o autor ressalta quais estratégias pedagógicas seriam possíveis de serem utilizadas. A saber:

- Estimular e cultivar os bons sentimentos e a boa vontade para com a chamada "diversidade cultural" – primeira estratégia;

- Tratar psicologicamente essas atitudes inadequadas, propondo atividades, exercícios e processos de conscientização que permitam que os estudantes e as estudantes mudem suas atitudes – segunda estratégia;
- Tratar a identidade e a diferença como questão de política – terceira estratégia.

Silva (2014b) argumenta em favor da terceira estratégia, dizendo que em seu centro estaria uma discussão da identidade e da diferença como produção. Assim, a pergunta norteadora para a pedagogia da diferença seria: "como a identidade e a diferença são produzidas? Quais são os mecanismos e as instituições que estão ativamente envolvidos na criação da identidade e da sua fixação?" (SILVA, 2014b, p. 99).

Dessa forma, o autor propõe a adoção de uma política pedagógica e curricular da identidade e da diferença que tenha em seu cerne uma teoria que descreva e explique o processo de produção da identidade, pois a estratégia que admite, simplesmente, a existência da diversidade não é capaz de questionar de forma precisa os mecanismos de fixação das identidades. Assim, "tem que colocar no seu centro uma teoria que permita não simplesmente reconhecer e celebrar a diferença e a identidade, mas questioná-las" (SILVA, 2000, p. 100).

Compreendemos que a discussão sobre a identidade e a diferença sugere a emergência do surgimento de novas identidades. Durante muito tempo, as mulheres foram representadas em sua subjetividade a partir da visão masculina. Elas "são o significante de uma identidade masculina partilhada, mas agora fragmentada e reconstruída, formando identidades nacionais distintas, opostas" (WOODWARD, 2014. p. 10-11).

A busca para se constituir sujeito de sua própria história é fruto da insubmissão, da luta, da coragem de muitas mulheres, em especial as mulheres negras que não foram vítimas nem passivas e lutaram para a construção de uma história, de uma identidade diferente daquela traçada anteriormente.

Na atualidade, as mulheres negras têm alcançado participação expressiva nos mais diferentes campos de atuação. Na literatura, elas têm conquistado bastante representatividade, o que permite a construção de representações do sujeito feminino que assumam a responsabilidade de construir novas identidades. Nas palavras de Cortês (2016, p. 53):

> Levando a questão da identidade e da diferença para o texto literário, a escrevivência teria esse duplo papel de releitura ou rasura da história e reversão do estereótipo da mulher negra no país, pois tem a frente mulheres intelectuais e conscientes do poder de transformação da leitura e da escrita.

Assim, é por meio do processo de leitura e da escrita que as escritoras negras do nosso país contribuirão para reverter o silêncio na história oficial e na literatura canônica. Assim, trazendo um novo olhar para a literatura, onde o lugar da mulher negra não será mais marcado pelo preconceito e pelos estereótipos, e sim por uma atuação diária de resistência.

3.2. Vozes da poesia afro-feminina na contemporaneidade: Conceição Evaristo, Geni Guimarães e Cristiane Sobral

A poesia afro-brasileira feminina expressa por meio do discurso poético a construção de uma identidade negra-feminina, fazendo uso de uma simbologia de luta e resistência que contribui decisivamente para análise dos problemas dos quais as mulheres negras ainda são vítimas. Sabemos que a história do negro e da mulher negra não é uma história de submissão, e sim de luta e resistência. Hoje a literatura se constitui de uma forma para continuar lutando e resistindo. Ademais, a literatura afro-feminina contribui para o despertar da "consciência crítica" de um grande número de pessoas, principalmente afrodescendentes, que quase nunca se encontram atentas às ambiguidades do racismo.

Por meio da escrita, as escritoras negras colocam em prática projetos de superação das desigualdades sociorraciais. Assim, sujeitos antes silenciados, colocados à margem, afirmam sua presença e estabelecem sua autoafirmação. Escolhemos aqui autoras que, assim como Conceição Evaristo, seguem uma linha de afirmação da identidade, abordando temáticas relativas à afrodescendência por meio, principalmente, da valorização da mulher negra.

Como já sabemos, os movimentos sociais realizados na década de 70 investiam na construção de novos discursos e novas práticas, que contavam com a participação de novos enunciadores, entre eles, o negro, a mulher e a mulher negra. Conforme Nelly Novaes Coelho (1993, p. 11):

> Muito mais do que simplesmente moda esse triplo interesse carrega em si um fenômeno cultural mais amplo: a inegável emergência do diferente; das vozes divergentes; a descoberta da alteridade ou do outro, via de regra, sufocadas ou oprimidas pelo sistema de valores dominantes.

Assim, em meio a essas discussões se constitui o que chamamos de "olhar das minorias": a literatura brasileira afrodescendente e a literatura feminina. Um novo discurso é instaurado, há a valorização da autoimagem positiva do negro e da mulher e se estabelece sua afirmação como sujeito. A literatura feminina aborda o retrato das vivências diárias resultantes da reclusão e da repressão vivida, mas, também, da tomada de consciência sobre o corpo e dos questionamentos sobre sua própria existência, seu ser e estar no mundo.

Heloisa Gomes (s.d., p. 01) afirma que "esta escrita de mulheres exibe particularidades que a diferenciam e identificam dentro da própria literatura negra". Assim, a construção das imagens da afrodescendência e gênero sob o olhar feminino rasura as já consagradas, pois, ainda segundo Gomes (s.d., p. 01), "a palavra é por elas utilizada como ferramenta estética e de fruição, de autoconhecimento e de alavanca do mundo".

Como observamos, as particularidades da escrita afro-feminina identificam as escritoras na medida em que se trata de uma luta comum em que as mulheres deixam a condição de mero objeto e passam a ser, concomitantemente, sujeito e objeto de suas produções literárias. Ainda, as diferenciam na medida em que enfatizam as singularidades de cada autora.

Através dos poemas escolhidos aqui para análise, procuramos desconstruir os preconceitos criados por uma sociedade hierárquica, desigual. Preconceitos esses que desqualificam os negros, mulheres e mulheres negras e salientam estereótipos depreciativos por meio de palavras e imagens que expressam sentimentos de inferioridade.

O discurso poético é um modo propício para escritoras afro-brasileiras tratarem de maneira esclarecedora, com verdade, sentimento e vivência a história das mulheres, negros e negras do Brasil. Abaixo analisaremos alguns poemas da autoras negras contemporâneas, sendo elas Conceição Evaristo, Geni Guimarães e Cristiane Sobral, que têm em comum uma veia poética de luta, resistência, etnicidade e gênero.

Os textos selecionados defendem a questão da causa negra e estimulam a criação de imagens variadas. É pertinente conhecer um pouco da biografia de cada autora para evidenciar o lugar da enunciação, pois, como sabemos, os discursos literários não são neutros.

O primeiro poema escolhido foi *Petardo*, da escritora Cristiane Sobral, extraído da antologia da poesia negra brasileira *O negro em versos* (2005), que tem como organizador Luiz Carlos dos Santos.

Cristiane Sobral nasceu no Rio de Janeiro, em 1974, e reside em Brasília desde 1990. Em 1998 graduou-se como primeira atriz negra habilitada em Interpretação Teatral pela Universidade de Brasília. Como escritora, possui poemas e contos e escreveu, durante algum tempo, uma coluna sobre crítica teatral para uma revista brasiliense. Foi em 2000 que Sobral vinculou-se aos meios literários, iniciando sua participação na publicação *Cadernos Negros*. A autora já realizou diversos trabalhos em teatro, vídeo, televisão e cinema. Cristiane Cortês (2014), em verbete publicado no *Livro Literatura afro-brasileira: 100 autores do século XVIII ao XXI*, nos fala sobra a literatura de Cristiane Sobral:

> Sobral compreende a literatura como 'grito de liberdade' e afirma, em seu blog, que 'escreve como quem monta um quebra cabeça num exercício de imaginação e sensibilidade.' Seus textos são inspirados na experiência humana, na consciência existencial, e na mudança de atitude (CORTÊS, 2014, p. 257).

No poema *Petardo, o discurso instaurado expressa a construção da identidade negra pautad*a na valorização da cultura do afrodescendente, dos traços físicos e da textura dos cabelos, principalmente no orgulho de pertencer à etnia.

Petardo

> Escrevi aquela estória escura sim.
> Soltei meu grito crioulo sem medo
> pra você saber:
> Faço questão de ser negra nessa cidade descolorida,
> doa a quem doer.
> Faço questão de empinar meu cabelo cheio de poder.
> Encresparei sempre,
> em meio a esta noite embriagada de trejeitos brancos e
> fúteis [...]
> (SOBRAL, 2005, p. 74).

Voltamos à discussão para o título do poema. *Petardo, segundo o dicionário Aurélio, é um engenho explosivo portátil para desobstruir obstáculos; bomba*; ou, ainda, na linguagem do futebol, é um chute violento. A exemplo do título, o texto apresenta uma linguagem corrosiva e um léxico agressivo, valendo-se da necessidade de se afirmar diante à exclusão que negros e negras sempre estiveram relegados. Os termos: "estória escura", "grito crioulo", "cabelos cheios de poder", "encresparei" e outros oriundos de um discurso afrodescendente vão além do conceito primordial e servem como forma de resistir, lutar e afirmar-se como escritora: "Escrevi aquela estória escura sim"; e mulher negra: *"Faço questão de ser negra"*.

O poema de Sobral preocupa-se, de modo bem latente, em excluir os disparates, estereótipos e preconceitos. Isso se faz afastando as falsas e tolas correspondências em relação à estética dos negros e, antes de tudo, valorizando a beleza da mulher negra, do cabelo do negro, do ser negro.

O segundo poema escolhido foi *Integridade,* de Geni Mariano Guimarães. Professora, poeta e ficcionista, Geni Guimarães nasceu no município de São Manoel-SP em 08 de setembro de 1947. Publicou seus primeiros trabalhos no *Debate Regional* e no *Jornal da Barra* em Barra Bonita, estado de São Paulo. Em 1979, lançou seu primeiro livro de poemas, *Terceiro filho*. No início dos anos 80, aproximou-se do grupo Quilombhoje e do debate em torno da literatura negra. No ano seguinte, publicou dois contos na coletânea *Cadernos Negros*, assim como seu segundo livro de poesia, fortemente marcado pelos tons de protesto e de afirmação identitária. Ao longo da década, amplia sua presença no circuito literário brasileiro. Em 1988, em comemoração ao Centenário da Abolição, aconteceu a IV Bienal Nestlé de Literatura, onde Geni Guimarães participou e ganhou a publicação do volume de contos *Leite do peito* (2001). No ano seguinte, recebeu os prêmios Jabuti e Adolfo Aisen pela publicação da novela *A cor da ternura*.

Moema Parente Augel (2014) nos fala sobre a obra poética de Geni Mariano Guimarães. Para a autora, a poeta utiliza uma linguagem que, por meio das realizações simbólicas, reflete a identidade feminina. Assim:

> A autorreferencialidade, a intersubjetividade, o envolvimento afetivo, o registro confessional, a percepção interior em que o corpo, em vez de ser visto de fora, é expresso a partir de dentro. Assim como a referência à realidade doméstica como realidade artística, são elementos característicos de uma escrita essencialmente feminina e dos quais podem-se encontrar abundantes exemplos nos versos de Geni Guimarães (AUGEL, 2014, p. 279).

Escolhemos o poema *Integridade*, de Geni Mariano Guimarães, que é um texto propício para a discussão sobre gênero e etnia. O eu lírico exprime sentimentos das afro-brasileiras e cria imagens bastante significativas. Vejamos o poema:

Integridade

Ser negra.
Na integridade
calma e morna dos dias.
Ser negra,
De negras mãos,
De negras mamas,
de negra alma.
(...)
Ser negra,
Nos traços,
Nos passos,
Na sensibilidade negra
(...)
Negra.
Puro Afro sangue negro,
Saindo aos jorros por todos os poros
(GUIMARÃES, 2005, p. 78).

O poema, de forma leve e sutil, traduz a dignidade da mulher negra. O eu lírico revela a forma como a mulher, ser-negro, vê e sente o mundo. Além de valorizar seus traços mais sublimes: "suas negras mãos", "negras mamas", "negra alma". O emprego de recursos poéticos, como a repetição dos versos, as rimas, o ritmo e as antíteses, traduz a maneira peculiar de organizar a mensagem e imprimir o significado pertinente ao texto, ou seja, discutir a inteireza, a completude, a dignidade, enfim, a integridade da mulher negra.

Sabemos que durante muito tempo, e ainda hoje, a imagem da mulher negra foi usada evidenciando o caráter erótico e exótico, o que acabava por reforçar estereótipos e perpetuar preconceitos. O poema de Geni Guimarães rompe com os estereótipos e transcende o estigma da indiferença e dos conceitos pré-fabricados na medida em que valoriza a mulher negra em seu mais íntimo ser, em sua essência.

Seguindo, também, uma linha de afirmação da identidade, a poesia de Conceição Evaristo, autora em estudo neste trabalho, enfatiza a abordagem de temáticas relativas à afrodescendência por meio, principalmente, da figura negra feminina. Faremos aqui uma pequena bibliografia que será ampliada no terceiro capítulo deste trabalho.

A poeta, contista, romancista e ensaísta Maria da Conceição Evaristo de Brito nasceu em Belo Horizonte, em 1946, mas migrou para o Rio de Janeiro na década de 1970. Graduada em Letras pela UFRJ, trabalhou como professora da rede pública de ensino da capital fluminense. É Mestre em Literatura Brasileira pela PUC do Rio de Janeiro e Doutora em Literatura Comparada pela Universidade Federal Fluminense. É Participante ativa dos movimentos de valorização da cultura negra em nosso país e estreou na literatura em 1990, quando passou a publicar seus contos e poemas na série Cadernos Negros. A escritora participa de publicações na Alemanha, Inglaterra e Estados Unidos. Seus contos vêm sendo estudados em universidades brasileiras e do exterior. Em 2003, publicou o romance Ponciá Vicêncio, pela Editora Mazza, de Belo Horizonte. Evaristo é presença constante nos movimentos sociais que se relacionam com a luta do afrodescendente.

Os poemas de Evaristo trazem como temática questões relacionadas à etnia e gênero, tendo como tema principal a mulher negra. O poema abaixo, *Vozes - mulheres, é um texto oportuno para* discutir a construção histórica da identidade negra-feminina:

Vozes - mulheres

A voz de minha bisavó
ecoou criança
nos porões do navio.
Ecoou lamentos
de uma infância perdida.

A voz de minha avó
ecoou obediência
aos brancos-donos de tudo.

A voz de minha mãe
ecoou baixinho revolta
no fundo das cozinhas alheias
debaixo das trouxas
roupagens sujas dos brancos
pelo caminho empoeirado
rumo à favela.

A minha voz ainda
ecoa versos perplexos
com rimas de sangue
     e
      fome.

A voz de minha filha
recolhe todas as nossas vozes
recolhe em si
as vozes mudas caladas
engasgadas nas gargantas.

> A voz de minha filha
> recolhe em si
> a fala e o ato.
> O ontem – o hoje – o agora.
> Na voz de minha filha
> se fará ouvir a ressonância
> O eco da vida-liberdade.
> (CONCEIÇÃO, 2005, p. 74).

No poema o eu lírico narra suas versões da história e estabelece uma tentativa de unir passado, presente e futuro através das vozes de várias gerações distintas de uma mesma família. No início a voz da bisavó, ainda criança, ecoa nos porões do navio. O eu lírico elucida nesse momento a trajetória do emigrante africano trazido como escravo. Em seguida, a voz obediente da avó retrata a submissão diante o branco "dono de tudo". A voz da mãe faz referência às heranças deixadas pela escravidão: o trabalho nas cozinhas alheias, a lavagem das roupas que os brancos sujam e o caminho rumo à favela. Fruto ainda dessa herança, o eu lírico "fala com rimas de sangue e fome" da privação das necessidades básicas e da marginalização socioeconômica. Contudo, na voz da filha repousa a esperança. Ao recolher todas as vozes, "recolhe em si a fala e o ato". *Assim, o desejo de libertação que esteve sempre presente na vida da mulher negra não mais ecoará mudo, engasgado, mas,* sim, ressonante de "vida-liberdade".

Como observamos, o eu lírico traz à memória a luta, a resistência e o desejo de liberdade, tentando unir passado e presente e, quem sabe, antever o futuro. Segundo Xavier (1991, p. 13), "o resgate da memória é um dos caminhos para o autoconhecimento; a volta às origens, através do tempo passado, faz parte da busca da identidade, pulverizada em diferentes papéis sociais".

Em suma, os poemas lidos negam a tradição de classificar a escrita feminina como "delicada, superficial e sentimental". Essa literatura traz em seu bojo um compromisso de traçar uma identidade negra feminina diferente da tradicionalmente traçada, diluindo a imagem distorcida, estereotipada, e lutando pela consolidação da mulher negra como voz e tema em nossas letras.

Em seu cerne, a literatura afro-feminina traz um compromisso de traçar uma identidade negra feminina, respeitando e valorizando as peculiaridades étnicas e de gênero. Explorando no campo da subjetividade as vivências das mulheres negras e valorizando a importância da contribuição do negro e da cultura africana para construção de nossa sociedade.

É bastante significativo o espaço que as escritoras negras vêm conquistando. Isso mostra que a literatura afro-brasileira, mesmo ficando muitas vezes inserida num contexto que se situa à margem do que foi instituído como literatura, traça estratégias de permanência. As conquistas alcançadas não fazem parte de um fim, mas, sim, de uma luta que transpõe as barreiras, que transcende o fazer literário.

As autoras aqui destacadas propõem uma maneira de fazer poesia e de usar as palavras que as torna engajadas em uma luta comum: a luta contra todo tipo de discriminação e preconceito e a favor da autoestima e do reconhecimento social das mulheres negras brasileiras, mas que revela peculiaridades entre si. Assim, cada autora apresentada escreve com personalidade e apresenta engajamento político visível, deixando transparecer em seus poemas comprometimento e, ao mesmo tempo, grande força poética.

4. A poesia feminina afrodescendente de Conceição Evaristo

Alfredo Bosi (2002), em seu texto *A escrita dos excluídos*, aponta duas maneiras de considerar a relação entre a escrita e os excluídos. Na primeira, os excluídos aparecem como *objeto da escrita*. Na segunda, *enquanto sujeito do processo simbólico*. A primeira é geralmente praticada pelos historiadores da literatura e os excluídos tornam-se temas e personagens de situações narrativas. A segunda é motivada pelos valores vividos em contexto de marginalização que levam à atividade social da leitura e da escrita.

No segundo caso descrito, Bosi traz como exemplo a notável história, já discutida em capitulo anterior: "Falo de Carolina de Jesus, cuja obra foi traduzida para as principais línguas cultas do mundo, reproduziu-se amplamente e atingiu um milhão de exemplares. [...] um tento difícil de repetir-se" (BOSI, 2002, p. 261).

Esse exemplo representa a nova relação entre o excluído e a escrita. Carolina, mulher negra e favelada, assume as rédeas do seu discurso e fala por si. Com seu exemplo, deixa um legado que influenciará novas autoras. Em entrevista concedida a Eduardo de Assis Duarte[6], Conceição Evaristo enfatiza a forma como a autora Carolina de Jesus influenciou na vida de sua mãe e consequentemente em sua própria vida:

> Foi a partir da leitura de Carolina de Jesus, mulher negra e favelada, migrante mineira em São Paulo, que minha mãe desenvolveu o desejo da escrita. Nas páginas da outra favelada nós nos encontrávamos. Conhecíamos, como Carolina, a aflição da fome. E daí ela percebeu que podia escrever como a outra, porque ela era também a outra ... (DUARTE, 2014, p. 105)

O livro *Quarto de despejo* era leitura obrigatória nos serões na casa de Evaristo. Sua leitura deixa marcas significativas e influencia

---
[6] Depoimento concedido a Eduardo de Assis Duarte em 2006 e revisado pela autora em 2008.

novos escritos. Conforme Conceição Evaristo, a escritora do Canindé cria, assim, uma tradição literária:

> Minha mãe leu e se identificou tanto com o Quarto de Despejo, de Carolina, que igualmente escreveu um diário, anos mais tarde. Guardo comigo esses escritos e tenho como provar em alguma pesquisa futura que a favelada do Canindé criou uma tradição literária. Outra favelada de Belo Horizonte seguiu o caminho de uma escrita inaugurada por Carolina e escreveu também sob a forma de diário, a miséria do cotidiano enfrentada por ela (EVARISTO, 2009, p. 02).

Como vimos, a escrita de Carolina de Jesus deixou seu legado. Sua vida representa a história de vida de muitos brasileiros. Evaristo (2009) relata que se sentia como personagem dos relatos da autora. Nas ruas de Belo Horizonte encontrava no lixo, nas sobras do que os ricos consumiam, cheiros, sabores e pequenos prazeres que representavam alento para as necessidades do dia a dia. A mãe de Evaristo, dona Joana Josefina Evaristo, assim como Carolina de Jesus e influenciada por ela, deixou registrado em um diário o cotidiano marcado pela forme e pela pobreza, mas, também, por meio desse diário, trouxe à memória a vida de luta e resistência de toda uma família.

> São lindos os originais de minha mãe, caderninhos velhos, folhas faltando, exteriorizando a pobreza em que vivíamos. Ali para além de suas carências, ela se valeu da magia da escrita e tentou, como Carolina, manipular as armas próprias do sujeito alfabetizado. [...] é uma escrita que guarda a memória do cotidiano, da premência da vida no dia-a-dia, entremeada, às vezes, por uma lembrança mais antiga (DUARTE, 2014, p. 105).

No texto *Da grafia-desenho de minha mãe um dos lugares de nascimento de minha escrita*[7] Evaristo discute, como o próprio título indica, o local de nascimento de sua escrita. A autora nos conta um ritual, talvez ancestral, realizado por sua mãe, que utilizando a terra lamacenta como papel e um graveto como lápis desenha a imagem do sol numa espécie de simpatia para chamar o sol nos dias chuvosos.

> Na composição daqueles traços, na arquitetura daqueles símbolos, alegoricamente ela imprimia todo o seu desespero. Minha mãe não desenhava, não escrevia somente um sol, ela chamava por ele, assim como os artistas das culturas tradicionais africanas sabem que as suas máscaras não representam uma entidade, elas são as entidades esculpidas e nomeadas por eles. E no círculo-chão, minha mãe colocava o sol, para que o astro se engrandecesse no infinito e se materializasse em nossos dias. Nossos corpos tinham urgências. O frio se fazia em nossos estômagos (EVARISTO, 2007, p. 16).

Todo o significado desse ritual parte das necessidades básicas da família. Eles estavam com frio no estômago, estavam com fome. A chuva, naquele momento, retardava a possibilidade de a mãe lavadeira cumprir com o seu trabalho e garantir o sustento para a família. Isso trazia dor e preocupação. Ao desenhar o sol no chão lamacento, criava-se a possibilidade de materialização do astro. Da simbologia desse ritual, Evaristo (2007, p. 17) descobre "a função, a urgência, a dor, a

---

[7] Texto apresentado na Mesa de Escritoras Afro-brasileiras, no XI Seminário Nacional Mulher e Literatura/II Seminário Internacional Mulher e Literatura, Rio de Janeiro, 2005. Depois publicado no livro Representações Performáticas Brasileiras: teorias, práticas e suas interfaces. Marcos Antônio Alexandre (Org.), Belo Horizonte, Mazza Edições, 2007, p 16-21.

necessidade e a esperança da escrita. É preciso comprometer a vida com a escrita ou é o inverso? Comprometer a escrita com a vida?". Em outro momento, Evaristo (2007) descobre a função utilitária da escrita: no espaço da cozinha das senhoras acontecia a leitura solene da lista de roupas lavadas e passadas a ferro pelas mãos de sua mãe:

> 4 lençóis brancos,
> 4 fronhas, 4 cobre-leitos,
> 4 toalhas de banho,
> 4 toalhas de rosto,
> 2 toalhas de mesa,
> 15 calcinhas,
> 20 toalhinhas,
> 10 cuecas,
> 7 pares de meias,
> etc, etc, etc.
> (EVARISTO, 2007, p. 17).

"De mãe"

> O cuidado de minha poesia
> Aprendi foi de mãe,
> Mulher de pôr reparo nas coisas,
> E de assuntar a vida.
> A brandura de minha fala
> Na violência dos meus ditos
> Ganhei de mãe
> Mulher prenhe nos dizeres
> Fecundados na boca do mundo.

Foi de mãe todo meu tesouro
Veio dela todo meu ganho
Mulher sapiência, yabá,
Do fogo tirava água
Do pranto criava consolo.

Foi de mãe esse meio riso
Dado para esconder
Alegria inteira
E essa fé desconfiada,
Pois, quando se anda descalço
Cada dedo olha a estrada.

Foi mãe que me descegou
Para os cantos milagreiros da vida
Apontando-me o fogo disfarçado
Em cinzas e a agulha do
Tempo movendo no palheiro.

Foi mãe que me fez sentir
As flores amassadas
Debaixo das pedras
Os corpos vazios
Rente as calçadas
E me ensinou,
Insisto, foi ela
A fazer da palavra Artifício
Arte e ofício
Do meu canto
Da minha fala.
(EVARISTO, 2008, p. 32-33).

O poema é um canto de louvor à figura materna. O eu lírico constrói uma imagem para a mãe representada pela força e pela sabedoria em deixar de herança para a filha ensinamentos construídos ao longo de sua vida. Assim, a filha ganha o trato com a poesia; a capacidade de falar com meiguice coisas que desagradam aos outros; todas as riquezas da vida; aprende a ser contida ao usar "o meio riso" que esconde a alegria inteira; aprende a ver o mundo de outra maneira, afinal, estava cega e "descegou"; aprende a usar a palavra como arte, ofício, como artifício.

As metáforas produzidas enchem o poema de beleza, transformando o que é trivial, o que é do dia a dia, em belas imagens. A representação da figura materna é feita de forma a homenagear a mãe sábia e guerreira, que é capaz de apontar "fogo disfarçado em cinza", ajudando assim aos filhos a enfrentarem as dificuldades da vida e do cotidiano, além de fazer sentir e perceber as dores profundas que o viver proporciona ao acenar que há "flores amassadas debaixo das pedras" e "corpos vazios rente as calçadas".

As palavras escolhidas revelam a força poética com que o eu lírico presta uma homenagem a sua mãe, mulher sábia, que lhe preparou para os desafios da vida e lhe ensinou, entre outras coisas, a arte, o canto, a fala e "o cuidado de minha poesia".

Um dos objetivos desempenhados pela literatura afro-feminina é construir papéis para a mulher diferentemente daqueles forjados pela literatura tradicional. A mãe que é louvada no poema de Evaristo e que aparecerá também em outros poemas, contos e romances, até então era representada cuidando dos filhos dos outros em detrimento dos seus. Era a imagem da "mãe preta", mulheres que coabitavam na casa grande e exerciam um papel maternal, sendo confidente das senhoras, responsáveis pela amamentação e pelos primeiros ensinamentos dos filhos de seus senhores.

Essa é uma imagem que ainda persiste no imaginário popular, sendo escassa a representação da mulher negra em papéis que valorizem a sua essência de mãe. Conforme Evaristo (2009, p. 28), "se ainda hoje, na contemporaneidade, é escassa na literatura, a personagem feminina negra aparecer como musa, heroína romântica ou mãe, nos quadros mentais e sociais da escravidão tais ficções eram inconcebíveis".

Schumaher e Vital Brasil (2007) trazem a imagem da ativista negra Lélia Gonzalez, que na década de 80, refletindo sobre o papel social da mulher afrodescendente na formação da sociedade brasileira, propôs uma releitura da personagem "mãe-preta":

> Para ela essa figura, em lugar de representar a aceitação da condição escrava, canonizava a resistência à ideologia senhorial construída no cotidiano, entre exploradores e escravizados, através das canções de ninar repletas de palavras africanas e, fundamentalmente, pela linguagem ensinada as crianças (SCHUMAHER, VITAL BRASIL, 2007, p. 198).

Lélia assinala uma nova leitura para o papel da "mãe-preta". Esta, ao exercer a função materna, torna-se responsável pela linguagem que é ensinada à criança, trazendo, assim, traços da linguagem africana para a cultura brasileira, o que, na prática, se constitui uma forma de resistência.

Sueli Carneiro em prefácio do livro *Mulheres negras do Brasil* (2007), assevera que ao revisitar a história da mulher negra em nosso país trazemos à memória a história de um ser de alma devastada e dilacerada pela dor proveniente das humilhações, suplícios e punições. Isso porque carrega ao mesmo tempo uma cor de pele e um sexo considerado marca do pecado original. A autora ressalta que não é possível "apagar toda a violência" nem abrandar as suas consequências, mas é possível resgatar todos os rastros de resistência, restaurando, assim, a dignidade de seres humanos que foram explorados e discriminados ao longo de sua história. A mulher negra pode ter a alma "aquecida" e se orgulhar das lutas e da resistência que acontecem de variadas formas em todo o país.

A obtenção de direitos políticos e sociais é fruto das lutas travadas desde os séculos anteriores. Essas lutas promoveram mudanças na realidade social e proporcionaram às mulheres o direito de participação nas mais diferentes esferas da vida social, garantindo, inclusive, como já dissemos antes, o direito de ser autora de sua própria história e de se autorrepresentar enquanto mulher negra, enquanto participante ativa das mais diferentes esferas da sociedade.

Sobre autoras negras contemporâneas, Assis Duarte (2010) assinala:

> Nelas encontramos o redirecionamento da voz narrativa, que, sem descartar a sexualidade, está empenhada em figurar a mulher, não a partir de seus dotes físicos, mas pelas atitudes de lutas e resistência e de sua afirmação enquanto sujeitos. Nessas autoras o ponto de vista interno à mulher afrodescendente põe em cena o lado feminino da exclusão. Suas personagens são negras e vivem como domésticas, mendigas, faveladas, presidiárias. Mas são, sobretudo, mulheres de fibra, lideranças, referencias comunitárias (ASSIS DUARTE, 2010, p. 34-35).

O protagonismo negro-feminino está na base da escrita de Conceição Evaristo. Nas palavras de Constância Lima Duarte (2010, p. 230), sua obra "contém as marcas identitárias de mulheres que estão reescrevendo a história literária brasileira". E por que não dizer estão ajudando a reescrever a história de cada mulher negra em nosso país?A obra de Conceição Evaristo é composta de poemas, contos, romances e ensaios. A autora transita pelos diversos gêneros textuais com a lucidez de uma poeta que encanta tanto pelo lirismo quanto pelo "brutalismo poético".

Maria José Somerlate Barbosa, no prefácio da obra *Ponciá Vicêncio* (2013), fala da proximidade entre poesia e prosa na obra de Conceição Evaristo. Para a autora, ambas são viscerais e repletas de complexas significações que acabam por revelar a busca interior das personagens e seus questionamentos.

> Eu costumava dizer que a poesia de Conceição Evaristo é uma poesia de vísceras, profundamente marcada por palavras escolhidas a dedo e pelo impacto verbal e emocional que causa nos leitores. Depois de ler *Ponciá Vicêncio* passei a crer que há uma grande proximidade entre sua poesia e sua prosa. Se as travessias ontológicas e hermenêuticas dos seus textos narrativos parecem mais suaves do que os encontramos na sua poesia, tanto em um como em outro caso, os significados embutidos são bastantes complexos e acabam nos remetendo as profundas buscas que as personagens fazem de si mesmas e ao questionamento do mundo ao seu redor (BARBOSA, 2013, p. 12).

Em entrevista a Eduardo de Assis Duarte, já mencionada anteriormente, Evaristo diz que prefere seus contos em detrimento aos seus poemas:

> [...] navego pelas águas do conto e da poesia e, apesar de ter um público leitor que aprecia meus versos e de ser mais conhecida como poetisa, gosto muito da prosa. Prefiro os meus contos aos meus poemas. Gosto de contar e ouvir casos. Muito de minhas histórias nasce das histórias ouvidas. Nas imagens assistidas no cotidiano, e de minha condição de mulher negra na sociedade brasileira, aspectos esses que se somam ao encantamento que tenho pela palavra (EVARISTO, 2006, p. 108).

Além de a autora ter mencionado nessa entrevista sua preferência pela narrativa, observamos que a linguagem poética permeia todos os seus textos. Suas narrativas são fortemente marcadas por uma poesia *lúcida* e *visceral*. Dessa forma, não poderíamos deixar de apresentar um conto de Evaristo que é fortemente marcado pela linguagem poética. Trata-se do conto *Olhos d'água*, em que Evaristo louva a figura materna numa prosa impregnada de poesia.

O conto narrado em primeira pessoa retrata a relação amorosa de uma família de base matriarcal. A personagem principal, cujo nome não é revelado, é a filha mais velha de uma família de sete irmãs. Um dia, Ao acordar de forma brusca, ela se encontra tentando lembrar de que cor eram os olhos de sua mãe. Lembra-se então de sua infância pobre, vivendo numa favela, num frágil barraco, onde a mãe, nos dias de maior privação, fazia-se de boneca para servir de brinquedo e distrair a fome dos filhos. Ela, a grande "boneca negra", dava de comer às suas crianças pedaços de nuvem de algodão. As brincadeiras que a matriarca sempre inventava faziam com que as meninas se esquecessem da fome e da dura realidade em que viviam.

A força do conto reside na preservação dos laços amorosos que passam através das gerações de mãe para filha. A personagem sai de sua terra natal em busca de melhores condições de vida, mas não esquece da mãe e de toda a sua família, valorizando a importância da família e preservando na memória toda sua ancestralidade. Ao cumprir o ritual de volta à sua terra natal, a filha então descobre que os olhos de sua mãe eram olhos d'água. Num jogo em que presente e passado se misturam, onde os olhos se tornam espelho entre mãe e filha, a protagonista vai desvelando sua própria história.

Os olhos, que se dizem janela da alma, ao mesmo tempo em que guardam e velam toda uma história de vida, também revelam. Os olhos d'água da mãe ora eram como rios caudalosos sobre a face e revelavam dor, pranto, ora eram rios calmos, porém de profundidade enganosa.

Assim, a grandeza do conto também reside em sua linguagem. As palavras formam lágrimas e transmitem dor: "Olhos alagados de pranto", "olhos da natureza", "chovia, chorava! Chorava, chovia!", "rios caudalosos sobre a face", "prantos e prantos a enfeitar seu rosto". Da mesma forma que transmitem serenidade: "águas de um rio calmo", "águas de mamãe Oxum".

Os olhos também são espelhos em que o amor se projeta. A mãe consegue compreender a grandeza do amor que existe entre mãe e filha e a cumplicidade que há em olhar nos olhos e percebê-los ao mesmo tempo como espelho e janela.

Fizemos alusão ao conto *Olhos d'água* pois é um exemplo de história onde a representação literária da mulher negra está ancorada na busca de identidades e memória de um povo. O conto revela um ponto de vista interno à mulher afrodescendente, assim, o redirecionamento da voz narrativa para a mulher negra revela a força de sua permanência como voz e tema na literatura brasileira.

Conceição Evaristo estreou na literatura em 1990, publicando seis poemas em *Cadernos Negros 13*. A partir daí, publicou contos e poemas em outras edições da série e em outras antologias nacionais e internacionais. Conforme Machado (2014), os anos 90 são significativos, pois também marcam a atuação acadêmica de Evaristo.

> [...] ano de 1990, além de marcar sua estreia como autora publicada, é o início de uma década em que Conceição Evaristo deixa para trás a atuação no Negrícia e passa a ter uma atuação mais significativa dentro da academia. A vida acadêmica aumentou sua rede de relações com a intelectualidade negra: além de artistas e escritores/as, integravam-na agora pesquisadores/as e professores/as negros/as. Cabe a observação, nesse ponto, de que é comum que o limite entre a arte e a pesquisa seja tênue: escritores/as negros/as frequentemente produzem também reflexões de cunho acadêmico sobre a literatura negra brasileira (MACHADO, 2014, p. 16).

Evaristo cursou Letras pela Universidade Federal do Rio de Janeiro, ingressando no curso em 1976. Devido ao nascimento de sua filha Ainá, a autora precisou interromper o curso, que só foi concluído em 1989. Os cursos de Mestrado e Doutorado[8], mencionados no ca-

---

[8] No mestrado defendido em 1996, Conceição Evaristo apresentou o texto *Literatura negra, uma poética de nossa afro-brasilidade*. No Doutorado, a tese *Poemas Malungos – cânticos irmãos* foi defendida em 2011.

pítulo anterior, complementaram sua formação acadêmica e lhe conferem, segundo Arruda (2014, p. 143), "repertório teórico para refletir criticamente sobre a própria escritura, bem como sobre outros trabalhos de outros autores e autoras". Arruda (2014) ainda acrescenta que as investigações e textos acadêmicos de Evaristo vêm contribuindo para os estudos das características da literatura negra ou afro-brasileira e, como exemplo, cita o conceito de escrevivência, criado pela autora, que discutiremos no próximo tópico.

A estreia de Evaristo com uma obra individual acontece em 2003 com o romance *Ponciá Vicêncio*. No entanto, a autora já havia escrito em 1988 o romance *Becos da Memória*, que só foi publicado em 2006. Torna-se importante destacar que *Ponciá Vicêncio* é a sua obra mais conhecida e estudada. O romance foi traduzido para a língua inglesa e publicado nos Estados Unidos em 2007. Em 2015, foi publicado em francês pela Editora Anacaoma.

A obra *Ponciá Vicêncio* relata a história de Ponciá, uma mulher negra e pobre que tem uma vida marcada por perdas e derrotas. Sua história é traçada desde a infância até a idade adulta e vai se desenrolando a partir das lembranças da protagonista. Nesse romance, Evaristo discute, entre outros temas, a construção da identidade da protagonista, que é fortemente marcada pela herança identitária do avô, enfatizando também a memória como via de acesso ao autoconhecimento. Assim, são desvendados os caminhos, os sonhos, os encantos e desencantos, as relações familiares, a solidão, o vazio, o silêncio de Ponciá e dos demais personagens da história.

Depois de *Ponciá Vicêncio* e *Becos da Memória*, Evaristo lançou em 2008, pela editora Nandyala, a coletânea *Poemas de recordação e outros movimentos*. Único livro de poemas da autora até o momento. Em 2011, veio a público *Insubmissas lágrimas das mulheres*, livro de contos com treze narrativas que traz em seus títulos os nomes de suas protagonistas. Em 2016, foi lançada uma edição desse livro em comemoração ao aniversário de 70 anos da autora. O ano de 2014 foi marcado pelo lançamento de *Olhos d'água*, cujo conto homônimo já comentamos aqui. Em 2016, veio a público a sexta obra da autora, sendo a terceira no gênero contos, *Histórias de leves enganos e parecenças*. O livro é composto por doze contos e uma novela e, conforme Assunção de Maria Souza e Silva no prefácio da obra, na "comunhão de vozes-mulheres que percorrem a obra de Conceição, numa dimensão que agora tende para o 'realismo animista', as figuras femininas dão o tom da feitura do universo criado" (2016b, p. 14).

Das obras de Evaristo gostaríamos de destacar aqui *Poemas de recordação e outros movimentos*. O livro é composto de poemas inéditos e de outros já conhecidos através dos *Cadernos Negros*. Sobre essa obra, Marcos Fabrício Lopes da Silva, em seu texto *Por uma Poética da ancestralidade*, diz:

> Conceição Evaristo traz para a cena literária 'a recordação e outros movimentos' de seus poemas, marcados pela performance de um eu-comunitário empenhado em trazer à tona as questões étnicas e de gênero, sendo estas fundamentais para a construção da identidade que por muito tempo é negada ou subvalorizada pelos circuitos racialistas e patriarcais (SILVA, 2016a, p. 138).

Assim, notamos que a poesia de Evaristo enfatiza, entre outras coisas, a afirmação da identidade dos afrodescendentes no geral e da mulher negra no específico enquanto participantes ativos na construção de uma nova sociedade, diferente daquela que exclui e que mascara o preconceito racial.

No texto mencionado acima, Marcos Fabrício Lopes da Silva

(2016a) faz uma análise do título da coletânea de poemas. Para o autor a escolha do nome "recordações" em detrimento ao nome "memória" tem uma significação especial e nos lembra que o termo "recordações" também foi usado por Lima Barreto em sua obra *Recordações do escrivão Isaías Caminha*, de 1909. Assim, retomando as palavras de Adélcio de Souza Cruz e de Joel Rufino dos Santos, os autores concluem que o termo "memória" foi usado tradicionalmente pelos "donos do poder", como é o caso do senhor de escravos, protagonista da obra *Memória póstumas de Brás Cubas* (1981), de Machado de Assis, enquanto as "recordações" ficaram a cargo daqueles que tiveram a sua participação apagada no processo de construção histórica de nosso país, ou seja, os negros. Assim, recordar significa "recuperar os desejos esquecidos das criaturas esquecidas" (SILVA, 2016a, p. 139). Ainda Conforme Silva (2016a), ao adicionar o termo "outros movimentos" à palavra "recordações", Evaristo contrapõe o caráter fluido, mutante e relacional à postura fixa, permanente e unilateral da memória.

Jorge Marques (2009), em resenha intitulada *A recordação de si e de muitos*, também nos traz uma análise a respeito do título do livro *Poemas de recordação e outros movimentos*. Para o autor, entre "recordação" e "memória" há uma sutil diferença, pois, enquanto a primeira relaciona-se com os sentimentos, as emoções, a segunda é relacionada aos acontecimentos do passado trazidos à mente de forma racional. Assim:

> A análise da palavra "recordação", formada pelo radical cord, que significa coração, o prefixo –re, que exprime a idéia (sic) de repetição ou reiteração, somado ao sufixo –ção, formador de substantivo, leva-nos a concluir que o significado etimológico do referido termo é "levar o coração para trás". Difere, portanto,

de "memória", pois esta tem a ver, em princípio, com acontecimentos passados trazidos à mente através, prioritariamente, da racionalidade. Em Poemas da recordação e outros movimentos, mais recente livro de Conceição Evaristo, a escritora configura uma obra em que a emoção do passado trazida ao presente constitui pedra fundamental em um projeto cuja coerência é, portanto, elaborada desde o título (MARQUES, 2009, p. 01).

Em consonância com os autores citados, Patrícia Ribeiro, no artigo *A poética de Conceição Evaristo como uma incursão pelos caminhos da história* (2013), aborda sobre o destaque dado à memória como revisão histórica na obra *Poema das Recordações e outros movimentos*:

> [...] a obra tem feição memorialística e pode ser lida como uma afronta ao esquecimento da escravidão. Porém, essa antologia não evoca a memória na tentativa de resgatar o regime escravocrata a partir da visão eurocêntrica, que se consolidou no imaginário universal como o registro privilegiado para a construção da história, mas prima pelo relato sob a perspectiva dos afrodescendentes para que haja uma revisão e reelaboração da história sob o ponto de vista deles (RIBEIRO, 2013, p. 03).

Desta forma, observamos que a obra poética de Evaristo, reunida até então no livro *Poemas das recordações e outros movimentos*, trata, entre outros temas, da memória. Uma vez que o termo "recordar" tem como sinônimo trazer de volta à memória, assomar, reviver, rememorar, entre outros. Ter recordações, nesse sentido, implica em trazer à memória um passado que tentaram apagar da história, mas que ficou aceso nas lembranças de cada homem e mulher negra.

Joel Candau, no livro *Memória e identidade* (2016), define numa perspectiva antropológica diferentes manifestações da memória. Para o autor, "a memória propriamente dita [...] é uma memória de recordação ou reconhecimento: evocação deliberada ou invocação involuntária de lembranças autobiográficas ou pertencentes a uma memória enciclopédica (saberes, crenças, sensações, sentimentos etc.)" (CANDAU, 2016, p. 23). Assim, observamos que nossas recordações de forma voluntária ou involuntária e as lembranças constituintes de nossa identidade são partes intrínsecas de nossa memória.

A poesia negra feminina tem como um dos seus objetivos e temática resgatar essa memória. Sabemos que a memória constitui um elemento fundamental para reconstrução da identidade. É através da memória que homens e mulheres negras acionam informações do passado e recompõem a sua história. Ainda nas palavras de Candau (2016, p. 16), "é a memória, podemos afirmar, que vem fortalecer a identidade, tanto no nível individual quanto coletivo: assim, restituir a memória desaparecida de uma pessoa é restituir sua identidade".

Um dos poemas de Evaristo que traz em sua simbologia uma metáfora a respeito da memória e do mar é o poema *Recordar é preciso*. Nos versos a memória é representada como um mar onduloso, o movimento de vaivém das águas. Assim, ao mesmo tempo que desperta a memória, fazendo surgir as recordações, faz subsistir os mistérios além-mar.

Recordar é *Preciso*

O mar vagueia onduloso sob os meus pensamentos.
A memória bravia lança o leme:
Recordar é preciso.
O movimento de vaivém nas águas-lembranças
dos meus marejados olhos transborda-me a vida,
salgando-me o rosto e o gosto. Sou eternamente náufraga.
Mas os fundos oceanos não me amedrontam
e nem me imobilizam.
Uma paixão profunda é a boia que me emerge.
Sei que o mistério subsiste além das águas.
(EVARISTO, 2008, p. 9).

No título do poema, assim como no título do livro, Evaristo mais uma vez usa o termo "recordar" para se referir às lembranças que advêm da memória. O título ainda nos remete de forma intertextual a uma antiga frase dos navegadores portugueses citada por Pompeu, general romano no século I a.c. com o objetivo de encorajar os marinheiros receosos: *Navigare necesse; vivere non est necesse*, e retomada com maestria no poema de Fernando Pessoa: *Navegar é preciso*, o qual relaciona o seu significado à criação artística: "Viver não é necessário; o que é necessário é criar". Uma das interpretações desta frase diz respeito ao significado da palavra *"preciso", que acompanha os verbos "navegar" e "viver"*. Navegar é uma ciência precisa, exata, o viver não é. *A vida é marcada por incertezas e envolve questões racionais, emocionais, espirituais, entre outros.*

No poema de Evaristo, podemos interpretar o uso da palavra "preciso" como necessário. É preciso recordar, pois, como afirma Le Goff (1996, p. 477), "a memória, onde cresce a história, que por sua vez a alimenta, procura salvar o passado para servir o presente e o futuro". Dessa forma, salientamos que memória e história têm uma relação intrínseca. Ao recordarmos nosso passado, podemos intervir no nosso presente e consequentemente nas ações futuras.

O poema referido acima chama a atenção para a necessidade de recordar, pois a memória revolta aponta para essa direção, como podemos ver nos versos: "A memória bravia lança o leme:/Recordar é preciso". O poema configura a imagem de uma mulher forte, símbolo de resistência. O eu lírico feminino, como aponta o substantivo "náufraga", é um ser marcado por lembranças amargas e tristes, as lágrimas derramadas por seus olhos são de amargura. Ela vive nesse mar de pensamentos e recordações e isso não lhe causa medo, não lhe faz parar, desistir, pois há uma paixão que não a deixa sucumbir. Esta funciona como uma boia que a emerge no meio do oceano, pois o mar é cheio de mistérios.

De acordo com Stefane Pereira (2015, p. 19), o poema conota "[...] a sensação de estar em alto mar acompanhando o ritmo das águas e a ânsia da navegação", descrevendo todo o processo de travessia "de uma tripulação mergulhada em memórias do passado como razão para continuar a viver, pois as mudanças seriam factuais". A autora dá ênfase à palavra "mistério", um significante que, para ela, *subsiste além das águas:* fato de uma mulher negra escritora ser incapaz de manter aprisionadas as vozes que presenciaram a escravidão e que emitem sons de resistência até hoje.

É a partir da rememoração de fatos e momentos importantes do passado de homens e mulheres negras que as escritoras negras (re)inventam e (re)escrevem a história afro-brasileira. Conceição Evaristo, através de seus poemas, reconstrói os arquivos das experiências negras, em especial das mulheres, reelaborando as histórias do passado pelo viés da memória e redirecionando o presente e o futuro.

4.1. A trajetória de Conceição Evaristo e sua escrevivência

Falar da trajetória da escritora Conceição Evaristo é falar de uma história de êxito. De menina pobre, nascida e criada em uma grande favela de Belo Horizonte, à escritora de renome internacional.

Sobre sua infância, Evaristo afirma que guarda boas lembranças, apesar de ter sido marcada pela pobreza e pela carência material. "Tive uma infância de desejos frustrados e de muitas indagações. Foi nesse tempo, talvez, que apurei minha sensibilidade para um enfrentamento com o mundo" (EVARISTO, 2014, p. 103).

Aos sete anos de idade, Conceição foi morar com sua tia Maria Filomena da Silva, irmã mais velha de sua mãe. Ela era casada com Antônio João da Silva, chamado carinhosamente de Tio Totó, e como não tinham filhos, podiam dividir o pouco que possuíam. Isso permitiu que Conceição tivesse mais oportunidade para estudar. Embora tenha desfrutado de melhores condições que seus irmãos, a menina trabalhava para ajudar a família a complementar a renda. Aos oito anos, surgiu seu primeiro emprego como doméstica, tarefa que era alternada com os cuidados com os irmãos e outras crianças da favela.

Conceição e seus irmãos estudaram em escolas públicas de Belo Horizonte. Sua mãe era bastante exigente e matriculou as crianças em escolas distantes da residência por oferecerem uma educação de excelência. A menina se destacava na escola, pois era uma criança curiosa, questionadora e gostava de participar dos eventos. Ao final do primário ganhou um prêmio por uma redação feita nas provas finais. No entanto, no ambiente escolar, Conceição viveu um período de rejeição e preconceito, denominado por ela como "apartheid escolar":

> Foi em uma ambiência escolar marcada por práticas pedagógicas excelentes para uns, e nefastas para outros, que descobri com mais intensidade a nossa condição de negros e pobres. Geograficamente, no Curso Primário experimentei um apartheid escolar. O prédio era uma construção de dois andares. No andar superior, ficavam as classes dos mais adiantados, dos que recebiam medalhas, dos que não repetiam a série, dos que cantavam e dançavam nas festas e das meninas que coroavam Nossa Senhora. O ensino religioso era obrigatório e ali como na igreja os anjos eram loiros, sempre. Passei o Curso Primário, quase todo, desejando ser aluna de umas das salas do andar superior. Minhas irmãs, irmãos, todos os alunos pobres e eu sempre ficávamos alocados nas classes do porão do prédio. Porões da escola, porões dos navios (EVARISTO, 2009, p. 02).

Como observamos, esse período da vida da escritora foi marcado pela exclusão, pela pobreza e pelo racismo. Contudo, também foi um momento de aprendizados para a vida e "enfrentamento com o mundo".

Conceição só concluiu o antigo Curso Normal aos 25 anos, em 1971. Nesse período sonhava em dar aula em Belo Horizonte, no entanto, não havia concurso para o magistério e, para ser contratada como professora, era necessário apadrinhamento: "entrar para a carreira de magistério, naquela época, dependia de ser indicado por alguém e as nossas relações com as famílias importantes de Belo Horizonte estavam marcadas pela nossa condição de subalternidade" (EVARISTO, 2009, p. 03).

Conceição Evaristo queria para si um outro lugar, diferente daquele que "naturalmente" haviam reservado para ela. Assim, rompe a tradição de uma extirpe de *domésticas, lavadeiras, passadeiras, arrumadeiras e babás* e parte para o Rio de Janeiro em busca de seus sonhos:

> Escolhi o Rio de Janeiro, ao saber que haveria um concurso para professora. Resolvi tentar a sorte, isso em 1973. Queria exercer a minha profissão era o meu sonho. Minha família, neste momento vivia dificuldades redobradas, no ano anterior tínhamos perdido a nossa moradia no morro, em consequência de um plano de desfavelamento da área. E tudo se tornou mais difícil ainda, a solução não estava em Minas. Precisava tentar a vida fora (EVARISTO, 2014, p. 107).

No Rio de Janeiro, tornou-se professora da rede pública e conquistou uma vaga na Universidade Federal do Rio de Janeiro – UFRJ, para o curso de Letras. Nessa cidade apareceram novas oportunidades de trabalho, foi funcionária da Secretaria Municipal de Cultura, na divisão de Cultura Afro-brasileira, e pesquisadora do Centro José Bonifácio de Documentação e Memória da Cultura Afro-brasileira. Sobre a escolha do Curso de Letras, Duarte afirma:

> A escolha do curso de Letras decorre da paixão que, desde cedo, dedica à literatura: na adolescência, Jorge Amado, José Lins, Carolina Maria de Jesus e tantos outros; mais tarde, Graciliano,

Rosa, Drummond, Bandeira e, também, Solano Trindade, Abdias do Nascimento, Adão Ventura (DUARTE, 2006, p. 305).

Observamos que a leitura e a literatura estão constantemente presentes na vida de Conceição Evaristo. Entretanto, a autora afirma que não nasceu rodeada de livros, e sim aprendeu a colher palavras numa casa vazia de bens materiais, mas habitada por esses elementos mágicos: "Mamãe contava, minha tia contava, meu tio velhinho contava, os vizinhos e amigos contavam. Tudo era narrado, tudo era motivo de prosa-poesia, afirmo sempre" (EVARISTO, 2009, p. 03).

Desde a adolescência Conceição Evaristo participava de grupos que promoviam discussões relativas à realidade social brasileira, mas as questões étnicas só entrariam objetivamente em suas discussões na década de 70, no Rio de Janeiro.

Nos anos 1980, Evaristo frequentava as reuniões do Coletivo de Escritores Negros do Rio de Janeiro, onde teve a oportunidade de apresentar seus poemas em presídios, eventos no Movimento Negro, bibliotecas e outros espaços. Nessa mesma época, a autora tomou conhecimento das atividades do Grupo Quilombhoje e da publicação, em São Paulo, da série *Cadernos Negros*. Como afirmamos, é nessa antologia que a autora publica seus primeiros poemas: "sem dúvida alguma, foi a antologia paulista a responsável pela divulgação de meus trabalhos, pois *Cadernos* têm sido uma referência para pesquisadores brasileiros e estrangeiros" (EVARISTO, 2014, p. 108).

Atualmente, com uma produção de poemas, contos, romances e ensaios traduzida em parte para o inglês, italiano, francês e espanhol, Evaristo deixa claro que o reconhecimento de seu trabalho se deu inicialmente por um público estrangeiro. Conforme a autora, essa situação causa certo estranhamento. É "uma situação meio esdrúxula, que envolve [..] muitos dos escritores afrodescendentes: o reconhecimento de nosso trabalho por um público estrangeiro, enquanto no Brasil somos meros desconhecidos" (EVARISTO, 2014, p. 109).

Aos poucos Conceição Evaristo venceu as barreiras da invisibilidade, conferida a muitos escritores negros, e tornou-se uma escritora brasileira de relevância internacional. No âmbito acadêmico, sua obra tem sido tema de diversas teses, dissertações, ensaios e artigos críticos, além de participações efetivas em entrevistas, palestras e outros eventos. Aline Alves Arruda em verbete publicado no livro *Literatura afro-brasileira: 100 autores do século VXIII ao XXI*, afirma que Conceição Evaristo tem "uma trajetória de pesquisadora que lhe confere repertório teórico para refletir criticamente sobre a própria escritura, bem como sobre o trabalho de outros autores e autoras" (2014, p. 143).

Stelamaris Coser, no texto *Circuitos transnacionais, entrelaçamentos diaspóricos* (2016), lista exemplos e discute a circulação crítica das obras de Evaristo no cenário internacional:

> Seu trabalho foi traduzido e incluído primeiramente em antologias alemãs sobre literatura afro-brasileira (*Schwarze Prosa*, 1988, e *Schwarze Poesie*, 1993). Seus poemas foram também traduzidos para o inglês e apresentados, junto a outras 16 autoras afro-brasileiras, na antologia bilíngue *Enfim nós/ Finally us: Contemporary black brasilian women writers*, [...] Durham publicou o artigo 'The beat of a different drum: Resistance in contemporary poetry by african-brasilians woman' (1995).

Conceição participou da coleção Moving beyond boundaries: International dimension of black women's writing, organizada por Carole Boyce [...] em 1995 e depois em 2008 ela foi abordada em Callaloo, revista dedicada à diáspora africana. Está presente também no artigo de Celeste Dolores Mann, "The search for identity in Afro-brazilian women's writing" (1995) e na Antologia *Fourteen female voices from Brazil*, organizada por Elzbieta Skoka (2002). Sua ficção curta aparece na coletânea Women Righting: Afro-brazilian Women's Short Fiction, Organizada por Mirian Alves e Maria Helena Lima, (2004). Além dos citados muitos outros trabalhos têm sido apresentados e publicados no exterior sobre Conceição Evaristo e outras Escritoras afro-brasileiras (COSER, 2016, p. 17).

Destarte, o estudo de Stelamaris Coser situa a obra de Conceição Evaristo no cenário internacional, que foi, segundo a própria escritora, seu primeiro espaço de reconhecimento. No entanto, é crescente sua participação na cena literária brasileira contemporânea. "No espaço acadêmico brasileiro observam-se cursos, seminários, projetos de pesquisa, artigos publicados, edições especiais de revistas, dissertações e teses que abordam sua trajetória e obras" (COSER, 2016, p. 16). Além disso, a autora aborda também a inclusão de pesquisadores brasileiros em periódicos e coletâneas estrangeiras, fazendo uma lista de exemplos representativos desses pesquisadores inseridos no cenário internacional, o que revela a expansão de pesquisas e publicações que abordam a obra da escritora em contexto transnacional.

> Conceição integra a diáspora africana nas américas de forma determinada e dinâmica, dialogando sobre a literatura de autoria feminina e negra nos cenários, nacional, continental e internacional. Fazendo uso dos espaços e recursos que se abrem na contemporaneidade em processos subjacente expandem-se pesquisas e publicações que abordam suas obras em contexto diaspórico e transnacional (COSER, 2016, p. 16).

Desta forma, constatamos que a produção literária afro-brasileira, especialmente da mulher negra, vem se destacando no cenário literário contemporâneo por meio da obra de Conceição Evaristo, que coloca em foco as lutas diárias dos afrodescendentes no Brasil e dá voz e vez à mulher negra para falar de si, de sua história, de seu povo.

Nesse ínterim, duas perguntas se fazem necessárias: O que faz de Conceição Evaristo uma grande escritora? O que ajudou a superar o processo de invisibilidade conferido a muitos autores e autoras negras? Para discutir essas questões trago aqui as palavras de Conceição Evaristo na já conhecida entrevista a Eduardo de Assis Duarte:

> Eu sou uma escritora brasileira, mas não somente. A minha condição de brasileira agrega outras identidades que me diferenciam: a de mulher, a de negra, a de oriunda das classes populares e outras ainda, condições que marcam, que orientam a minha escrita, consciente e inconscientemente (EVARISTO, 2015, p. 109).

Assim, inferimos que a escrita de Conceição Evaristo é marcada pelo lugar de pertencimento social, étnico e de gênero. A autora demarca, em muitos dos seus textos, que é necessário levar em conta sua experiência enquanto mulher e, mais precisamente, enquanto mulher negra. Não esquecendo, também, de toda a sua trajetória de vida, suas vivências. Ao expressar sua experiência étnica, de classe e de gênero no corpo literário a autora desenvolve uma marca específica para sua produção: a escrevivência.

Conforme Cristiane Cortês em seu texto *Diálogos sobre escrevivência e silêncio*, o grande salto que a autora realiza, valorizando-a dentro da produção literária contemporânea, é a conceituação de seu fazer literário com o termo "escrevivência":

> A palavra escrevivência é um neologismo que, por uma questão morfológica, facilmente compreendemos do que se trata. A ideia de juntar escrita e experiência de vida está em vários textos ligados à literatura contemporânea. Entretanto, Evaristo se apropria do termo para elucidar o seu fazer poético e lhe fornece contornos conceituais (CORTÊS, 2016, p. 52).

Como observamos, a "escrevivência" é a escrita das experiências diárias, é a escrita da vida. Evaristo utiliza-se do recurso da escrevivência para transportar para sua obra a realidade que a circunda e, dessa forma, define e conceitua a matriz poética ficcional que engloba toda a sua produção.

Encontramos o conceito de escrevivência a partir das reflexões de Evaristo sobre a gênese de sua escrita no já citado texto *Da grafia-desenho de minha mãe um dos lugares de nascimento de minha escrita*. Além de apresentar seu próprio percurso de leitura e escrita, demarca a matriz de sua produção literária.

> Mas digo sempre: creio que a gênese de minha escrita está no acúmulo de tudo que ouvi desde a infância. O acúmulo das palavras, das histórias que habitavam em nossa casa e adjacências. Dos fatos contados a meia-voz, dos relatos da noite, segredos, histórias que as crianças não podiam ouvir. Eu fechava os olhos fingindo dormir e acordava todos os meus sentidos. O meu corpo por inteiro recebia palavras, sons, murmúrios, vozes entrecortadas de gozo ou dor dependendo do enredo das histórias. De olhos cerrados eu construía as faces de minhas personagens reais e falantes. Era um jogo de escrever no escuro. No corpo da noite (EVARISTO, 2007. p. 19).

A literatura como arte é um conhecimento produzido pela humanidade, carregado de sentidos pessoais, de tempos diversos e de cada tempo em particular. Isso significa dizer que o texto literário pode refletir a realidade. Através de sua sensibilidade e subjetividade, Evaristo observa as vivências e cria um mundo ficcional que, ao chegar nas mãos dos leitores, também é transformado, ou seja, a recepção do texto passa por um leitor constituído de uma cultura, de uma experiência e visão de mundo. Assim, o comprometimento da autora com a realidade histórica, social, étnica e de gênero em que ela vive traduz a vida e as vivências de muitos homens e mulheres negras.

Os contornos conceituais da "escrevivência" de Conceição Evaristo vão se definindo ao longo dos seus textos. Em *Gênero e Etnia: uma Escre(vivência) de dupla face*, a autora estende o termo "a toda uma geração de escritoras negras que imprimem em seu texto o desejo de que as marcas da experiência étnica, de classe ou de gênero estejam realmente representadas no corpo do texto literário"

(CORTÊS, 2016, p. 52). Desse modo, todas as escritoras negras que trazem em seu texto marcas de uma experiência, fruto da realidade sensível, fazem a escrevivência, pois, assim, transcendem o biográfico e se comprometem com a história coletiva. Nas palavras de Conceição Evaristo (2005, p. 204):

> Assenhoreando-se "da pena", objeto representativo do poder falocêntrico branco, as escritoras negras buscam inscrever no corpus literário brasileiro imagens de uma autorrepresentação. Surge a fala de um corpo que não é apenas descrito, mas antes de tudo vivido. A escre(vivência) das mulheres negras explicita as aventuras e as desventuras de quem conhece uma dupla condição, que a sociedade teima em querer inferiorizada, mulher e negra.

Portanto, utilizando a escrita como uma ação transgressora, vozes literárias negras e femininas "inventam" uma escrita de si e dos outros(as) onde se narram memórias, histórias, dramas e sonhos. Enfim, a vivência das mulheres negras.

É importante lembrar que é por meio das experiências individuais que se expressam as experiências coletivas, as experiências de uma comunidade, o que está permeado na obra de Evaristo. Sobre esse assunto, e corroborando com as palavras acima descritas, Fialho (2016, p. 197) assevera:

> O conceito de escrevivência indica os fundamentos da produção literária de Conceição Evaristo e se alia aos preceitos de sua atuação como escritora: manifestação da necessidade pessoal e coletiva, concretização das histórias

ouvidas, forma de lidar com o mundo e modificá-lo, manifestação de uma consciência social, política, de gênero e étnica.

O projeto literário formulado por Conceição Evaristo contempla toda a sua obra em prosa e em versos. Em *Histórias de leves enganos e parecenças* a narradora adverte ao leitor/leitora: "Escrevo o que a vida me fala, o que capto de muitas vivências. Escrevivências. Ah, digo mais. Cada qual crê em seus próprios mistérios" (EVARISTO, 2016, p. 15). Em prefácio do livro *Insubmissas lágrimas das mulheres,* a narradora afirma: "ao registrar estas histórias, continuo no premeditado ato de traçar uma escrevivência" (EVARISTO, 2011, p. 08). Salientamos, assim, que a escrevivência transmite uma reflexão sobre sua experiência vivida como mulher e negra, o que perpassa toda sua obra.

O uso do termo escrevivência para delinear a obra da autora Conceição Evaristo implica em assumir que sua escrita é fruto das experiências que marcaram a sua vida desde a sua infância. As histórias contadas e vivenciadas, a herança identitária, a memória ancestral, estão relacionadas à sua escrita. Entre outros temas, as lembranças dos sofrimentos da escravidão vivida por seus ancestrais, as implicações desse contexto na vida de cada descendente, a luta diária de uma mulher negra pela sobrevivência e a esperança de novas oportunidades ocasionadas pela conquista do direito de falar de si, de construir uma nova história.

4.2. Poemas da recordação, da memória e de tantos outros movimentos

Conceição Evaristo, em *Breves Reflexões sobre a Literatura Afro-brasileira* (2007), coloca em cena a produção literária negra, traçando uma análise acerca dos fundamentos, corpus teórico, autores, discurso poético, entre outros temas dessa produção literária.

Para a autora, essas questões a têm causado interesse tanto como escritora quanto como pesquisadora e, embora coloquem em evidência a literatura feita por homens e mulheres negras, causam também certa exaustão, uma vez que há uma negação por parte de estudiosos, leitores e escritores acerca da existência de uma literatura afro-brasileira. Ainda, há algumas divergências, mesmo por parte daqueles que reconhecem a existência da literatura negra, no que se refere ao "sujeito da produção" e à "voz autoral do texto".

No entanto, a autora deixa claro que (tentar) negar a existência da literatura afro-brasileira é uma estratégia de "setores interessados em manter uma hegemonia política, econômica e cultural [que] [...] pretende esvaziar a força de nossas reinvindicações no campo das Ações Afirmativas" (EVARISTO, 2007, p. 37).

Dessa forma, por meio do seu texto, Evaristo evidencia autores e obras e mostra como tem sido *fazer, pensar* e *veicular* a obra literária de homens e mulheres negras. Complementando a discussão sobre a "existência" da literatura afro-brasileira, Evaristo em ensaio intitulado *Literatura negra: uma poética de nossa afro-brasilidade* (2009), traz algumas indagações a respeito de como as relações raciais que vigoram em nossa sociedade realçam as marcas impostas pelo sistema escravocrata do passado, sendo uma dessas marcas a dificuldade em reconhecer a literatura feita por negros e negras.

> Se, por um lado, tanto as elites letradas como o povo, dono de outras sabedorias, não revelem dificuldade alguma em reconhecer, e mesmo em distinguir, os referenciais negros em vários produtos culturais brasileiros, quando se trata do campo literário, cria-se um impasse que

> vai da dúvida à negação. Ninguém nega que o samba tem um forte componente negro, tanto na parte melodiosa como na dança, para se prender a um único exemplo. Qual seria, pois, o problema em reconhecer uma literatura, uma escrita afro-brasileira? A questão se localiza em pensar a interferência e o lugar dos afro-brasileiros na escrita literária brasileira? Seria o fazer literário algo reconhecível como sendo de pertença somente para determinados grupos ou sujeitos representativos desses grupos? Por que, na diversidade de produções que compõe a escrita brasileira, o difícil reconhecimento e mesmo a exclusão de textos e de autores (as) que pretendem afirmar seus pertencimentos, suas identificações étnicas em suas escritas? (EVARISTO, 2009, p. 19).

Enquanto alguns elementos como o samba, a dança, os ditados, provérbios, personagens do folclore, entre outros, são facilmente entendidos como símbolos de resistência incorporados à cultura brasileira, o mesmo não acontece com a literatura.

Acerca da contribuição dos africanos para o Brasil, Mônica Lima (2007) adverte que há pouco reconhecimento sobre as contribuições africanas e, geralmente, são sempre mencionadas questões acerca do vocabulário, música e dança. Outro fator que pesa bastante é a desvalorização desses campos da vida social como se fossem menos importantes, além de se reduzir a esses setores a herança deixada pelos africanos. Para a autora, os africanos trouxeram:

> [...] sua força de trabalho e de fé, sua inventividade e engenhosidade, seu talento artístico, sua

visão de mundo, além de uma série de acontecimentos acumulados numa longa história. Podemos dizer, sem medo de errar que os africanos trouxeram contribuições determinantes para o que há de mais representativo e belo na vida brasileira (LIMA, 2007, p. 15).

A literatura afro-brasileira apresenta em seu cerne um contradiscurso à literatura hegemônica. Contribuindo, assim, na possibilidade de escrita de uma história que dê visibilidade aos afrodescendentes, favoreça a luta contra o racismo e a busca pelas raízes negras da nossa identidade.

Conforme Conceição Evaristo (2007), a literatura busca modos positivos de anunciação do *corpo* e do *corpus* cultural negro que no passado foi agredido fisicamente e foi privado de seu espaço individual e social pelo sistema escravocrata. Para a autora, "O discurso poético surge então transgredindo o sentido de uma História oficial ao apresentar fatos e interpretações novos que contestam o discurso histórico do colonizador" (EVARISTO, 2007, p. 37).

Uma das formas de contestar e subverter o discurso do colonizador é trazer para a literatura o corpo negro que, por muito tempo, foi representado de forma negativa, associado às doenças, aos desvios sexuais. Sendo uma das tarefas da literatura afro-brasileira recuperar a dignidade e a autoestima por meio de uma representação que valorize o "movimento" e a "estética" do corpo negro. O movimento se traduz na dança, na ginga, no rebolado, na forma de vestir-se ou de se mostrar e no modo de se enfeitar. A estética é demarcada, sobretudo, pelos traços físicos, textura capilar e cor da pele. Conforme Souza (2006), no corpo subalterno estão inscritas muitas marcas que representam as lutas, a rebeldia, a transgressão e, principalmente, a resistência do povo negro.

O corpo é *tela*, em imagem de Stuart Hall, na qual se inscreveram as marcas da dominação, mas também as marcas da rebeldia e da resistência. Corpo que se manteve forte porque foi capaz de se criar alternativas, sociais e religiosas para sobreviver. Corpo de escravo que, aprisionado, impedido de movimentar-se, busca formas transversais de insurgir-se contra a dominação imobilizadora e recorre a recuperação dos ritmos e das danças africanas (batuques, sambas e danças religiosas, eventualmente permitidos como tentativa de estruturar 'um jogo de descentramento, reelaboração simbólica do espaço' que viabiliza a resistência (SOUZA, 2006, p. 141).

Assim, salientamos que o corpo negro tem sido um lugar de enunciação onde está escrito e onde se inscrevem as marcas que revelam por um lado uma história de violência e opressão e por outro, as marcas de insubordinação e resistência. Ao falar e até mesmo ao silenciar o corpo negro tem sido produzido um outro discurso.

Conforme Evaristo (2007, p. 47), "criando uma literatura em que o corpo do negro deixa de ser o corpo do "outro" como objeto a ser descrito para se impor como sujeito que se descreve seguimos nós, escritoras negras e escritores negros" (EVARISTO, 2007 p. 42). Dessa forma, apresentaremos a seguir o poema *Meu corpo igual* que traz à cena o corpo negro enquanto território de luta e esperança. Vejamos o poema:

Meu corpo igual

Na escuridão da noite
meu corpo igual

> fere perigos
> adivinha recados
> assobios e tantãs.
> Na escuridão igual
> meu corpo noite
> abre vulcânico
> a pele étnica
> que me reveste.
> Na escuridão da noite
> meu corpo igual
> bóia, lágrimas, oceânico
> crivando buscas
> cravando sonhos
> aquilombando esperanças
> na escuridão da noite.
> (EVARISTO, 2008, p. 15).

O poema está ordenado em versos livres, sem rimas, sendo composto de três estrofes. A primeira e a segunda estrofes têm cinco versos cada. A terceira estrofe tem sete versos. Na primeira, nota-se que a poeta recorre discretamente à aliteração, ou seja, ela utiliza a frequência da mesma consoante, S, formando um efeito sonoro peculiar: no primeiro verso na palavra "escuridão", no terceiro verso na palavra "perigos", no quarto verso na palavra "recados" e no quinto em "assobios" e "tantãs". Nota-se também que o substantivo "assobios" remete a um som e "tantã", a um instrumento musical. O grupo de substantivo marcado pela aliteração remete semanticamente à noite como um lugar aonde há perigos, mas também muitos mistérios: "recados" dos ancestrais são recebidos, assobios chamam, despertam entidades, e tambores tocam.

Os dois primeiros versos da primeira estrofe: "Na escuridão da noite/meu corpo igual" e os dois da segunda estrofe: "Na escuridão igual/meu corpo noite" são marcados pelo deslocamento do adjetivo "igual" e do substantivo "noite", o que confere ao texto uma expressiva imagem poética: o corpo é noite, é escuridão, o corpo é negro. A metáfora corpo/noite é construída de forma a desconstruir o olhar naturalizado do brasileiro para as relações étnico-raciais marcadas pelo preconceito. No poema em análise, "a noite" e "o corpo" negro ganham uma nova conotação, revestindo-se de sentidos positivos.

Na terceira estrofe, os substantivos "boia" e "lágrimas" e o adjetivo "oceânico" marcam a presença constante da água nos poemas de Evaristo. Ainda, permitem relembrar o acontecimento traumático que foi a longa travessia do Atlântico.

O legado das lutas femininas aparece nas expressões "crivando buscas/ cravando sonhos/ aquilombando esperanças" e confirma a ideia da luta para inverter as imagens estereotipadas sobre o corpo feminino e "devolver" à mulher seu próprio corpo. A mulher torna-se sujeito de seu corpo.

Os poemas de Evaristo trazem como temáticas questões relacionadas à etnia e gênero, tendo como tema principal a mulher negra. Embora o poema *Meu corpo igual* não tenha dado ênfase na questão de gênero, observamos que revela uma marca sempre presente nos poemas da autora: a tomada de consciência em relação ao corpo negro.

O poema que escolhemos, transcrito abaixo, é um dos mais conhecidos na obra poética de Conceição Evaristo: *Eu-mulher*. *Nele está impressa a preocupação em construir uma identidade afirmativa para a mulher negra. Vejamos o poema:*

Eu-mulher

Uma gota de leite
me escorre entre os seios.
Uma mancha de sangue
me enfeita entre as pernas
Meia palavra mordida
me foge da boca.
Vagos desejos insinuam esperanças.
Eu-mulher em rios vermelhos
inauguro a vida.
Em baixa voz
violento os tímpanos do mundo.
Antevejo.
Antecipo.
Antes-vivo
Antes - agora - o que há de vir.
Eu fêmea-matriz.
Eu força-motriz.
Eu-mulher
abrigo da semente
moto-contínuo
do mundo
(EVARISTO, 2008, p. 41).

Conhecido como uma espécie de manifesto-feminino, esse poema expõe de forma concisa a força feminina. Observa-se que o poema está escrito em 1ª pessoa, no entanto, a fala do eu lírico *não é uma fala individual, o poema busca suas bases à* procura de uma identidade solidária que, ressaltando a condição feminina como *força-motriz* (força que movimenta o mundo) e *fêmea-matriz* (a mulher que gera, que é abrigo da semente do moto-contínuo do mundo), ou seja, o ser humano. Ao longo do poema, as imagens construídas referem-se às particularidades do corpo feminino: amamentação, menstruação, sensibilidade, desejos e gestação. Nos é oferecida uma visão geral do corpo feminino. O poema *Eu-mulher* refere-se em primeira vista às mulheres em geral, contudo, se tomarmos como referência o lugar de enunciação da autora, o que é fortemente demarcado em seus textos, não podemos deixar de lado sua identidade, o eu-mulher, eu-negra, eu-escritora e eu-militante que refletem no eu-mulher, negra e *mãe descrito no poema.*

Quanto à estrutura, o poema está escrito em versos livres, sendo composto de uma única estrofe com vinte e um versos. Entre os recursos que a poeta lança mão para conferir à poesia uma linguagem própria, está a anáfora. A poeta repete o artigo "uma" no primeiro e terceiro versos; o pronome oblíquo "me" no segundo, quarto e sexto versos; o pronome pessoal "eu" no oitavo e do décimo sexto ao décimo oitavo versos. Observamos essa figura de linguagem ainda nas palavras "antevejo" e "antecipo" por meio do prefixo "ante" e no advérbio "antes" nos versos quatorze e quinze. A autora utiliza esse recurso principalmente para enfatizar a experiência e a força feminina.

A escrita de Conceição, bem como de tantas outras escritoras negras, busca, entre outras coisas, a afirmação da identidade da mulher negra enquanto participante ativa na construção de nossa sociedade, seja no papel de mãe, de trabalhadora do lar, de intelectual, seja atuando na política. A mulher negra deve estar representada em todos os setores sociais e isso só é possível através da cobrança de uma revisão histórica e denúncia da situação em que vivem atualmente as mulheres e os homens negros em nosso país.

O poema abaixo foi feito em homenagem à atriz de cinema, teatro e televisão Léa Lucas Garcia de Aguiar, cujo nome artístico é Léa Garcia. De acordo com o site *Fundação Palmares, a atriz, militante contra a discriminação racial de gênero,* foi a única brasileira escolhida pelo Guilford College dos Estados Unidos como uma das dez mulheres do século XX que mais contribuíram para a luta dos direitos humanos e civis. Mulher fêmea-fênix, recebe essa homenagem de Conceição Evaristo, pois é um símbolo para as mulheres negras de nosso país.

Fêmea-Fênix
(Para *Léa Garcia*)

Navego-me eu–mulher e não temo,
sei da falsa maciez das águas
e quando o receio
me busca, não temo o medo,
sei que posso me deslizar
nas pedras e me sair ilesa,
com o corpo marcado pelo olor
da lama.

Abraso-me eu-mulher e não temo,
sei do inebriante calor da queima
e quando o temor
me visita, não temo o receio,
sei que posso me lançar ao fogo
e da fogueira me sair inunda,
com o corpo ameigado pelo odor
da chama.

Deserto-me eu-mulher e não temo,
sei do cativante vazio da miragem,
e quando o pavor
em mim aloja, não temo o medo,

> sei que posso me fundir ao só,
> e em solo ressurgir inteira
> com o corpo banhado pelo suor
> da faina.
>
> Vivifico-me eu-mulher e teimo,
> na vital carícia de meu cio,
> na cálida coragem de meu corpo,
> no infindo laço da vida,
> que jaz em mim
> e renasce flor fecunda.
> Vivifico-me eu-mulher.
> Fêmea. Fênix. Eu fecundo
> (CONCEIÇÃO, 2008, p. 30).

O título do poema nos remete à crença na ave lendária que renasce das próprias cinzas. Essa crença existiu em vários povos da antiguidade, como gregos, egípcios e chineses. Nessas mitologias o significado é preservado: a perpetuação, a ressurreição, a esperança que nunca tem fim.

Na mitologia grega, quando a fênix morria, entrava em auto-combustão e, passado algum tempo, renascia das próprias cinzas. A fêmea fênix, mulher negra, descrita no poema representa esse pássaro capaz de renascer mesmo nas situações mais adversas.

Ao longo do poema, principalmente na segunda estrofe, os versos são construídos de forma análoga ao mito da fênix: "Abraso-me eu-mulher e não temo/sei do inebriante calor da queima [...] sei que posso me lançar ao fogo/e da fogueira me sair inunda". Mostrando, assim, a capacidade de resistência e força da mulher.

Em cada estrofe a poeta inicia com um verbo, cujas redes de significação vão se ampliando ao longo dos versos: *Navego-me, Abraso-*

-me, Deserto-me e *Vivifico-me*, os quais representam *ações que se configuram em possibilidades de reconstrução do lugar da mulher negra enquanto participante ativa na construção da cidadania.*

Outra característica da fênix é sua força que a faz transportar em voo cargas muito pesadas. No poema acima, essa força é traduzida na coragem da mulher: a recorrência da expressão *"e não temo"* no final do primeiro verso, na primeira, segunda e terceira estrofe, enfatiza a ideia de força e coragem. Essa ideia também é reforçada pelo uso dos pleonasmos: "não temo o medo" e "não temo o receio".

A vida longa da fênix e o seu dramático renascimento das próprias cinzas transformaram-na em símbolo da imortalidade e do renascimento espiritual. No poema em análise, o corpo da mulher negra também renasce, como podemos vislumbrar no sexto verso da terceira estrofe: "e em solo ressurgir inteira" e os seguintes versos da última estrofe: "no infindo laço da vida/que jaz em mim/e renasce flor fecunda". A mulher renasce no mundo social como força de produção material e simbólica e como mantenedora da vida através da maternidade: "Fêmea. Fênix. Eu fecundo", nos diz o último verso do poema.

A maternidade é um tema constante nos poemas de Evaristo. O tema é tratado com o objetivo de recuperar um direito que foi negado às mulheres negras por um longo período de nossa história. Sabemos que para a mulher negra a maternidade não se reduz a uma concepção essencialista do papel que as mulheres (de forma geral) representam na contemporaneidade, mas, sim, representa a conquista de um direito *não só do ponto de vista biológico, mas também social. As palavras de Denise Rocha asseveram que:*

> Na esteira feminista social, cultural, artística e literária, Conceição Evaristo enfatiza de forma verbal e visceral, que o poder feminino não se reduz à

maternidade biológica em sua dimensão maior – casa/criança/cozinha/tanque/igreja -, mas que abrange e valoriza outras formas de maternidade: a social, a de mulheres que, apesar de não serem mães biológicas, amam, educam, orientam e apoiam seus 'rebentos', e são capazes de gestar e gerar ideias, ensinamentos e projetos em prol de um futuro sem patriarcalismo e pleno de igualdade dos direitos humanos (ROCHA, 2014, p. 262).

Dessa forma, observamos que a representação da mulher negra enquanto *fértil, fecunda é um direito* que amplia seu papel na sociedade e reconstrói imagens cristalizadas ao longo do tempo, as quais relacionam o corpo feminino ao erotismo, à esterilidade. Assim, o poema de Evaristo evoca imagens que possibilitam a recuperação de uma identidade afirmativa para a mulher negra tanto no âmbito social, de gênero, como no pertencimento étnico-racial.

Outro poema que traz a fertilidade feminina como um dos elementos que compõem o ser mulher e como símbolo de resistência é *A noite não adormece nos olhos das mulheres*. Neste poema a resistência feminina é fruto da esperança e da luta.

A noite não adormece nos olhos das mulheres

A noite não adormece
nos olhos das mulheres
a lua fêmea, semelhante nossa,
em vigília atenta vigia
a nossa memória.
A noite não adormece
nos olhos das mulheres

> há mais olhos que sono
> onde lágrimas suspensas
> virgulam o lapso
> de nossas molhadas lembranças.
> A noite não adormece
> nos olhos das mulheres
> vaginas abertas
> retêm e expulsam a vida
> donde Ainás, Nzingas, Ngambeles
> e outras meninas luas
> afastam delas e de nós
> os nossos cálices de lágrimas.
> A noite não adormecerá
> jamais nos olhos das fêmeas
> pois do nosso sangue-mulher
> de nosso líquido lembradiço
> em cada gota que jorra
> um fio invisível e tônico
> pacientemente cose a rede
> de nossa milenar resistência
> (EVARISTO, 1996, p. 26).

Observamos que o título dado ao poema se repete nos dois primeiros versos de cada estrofe, ressaltando a necessidade e o desejo da mulher de permanecer sempre atenta à memória para a construção da história de seu povo. A memória é o alicerce para a preservação de nossa cultura.

A lua, símbolo da feminilidade e da fecundidade, é personificada na primeira estrofe: "em vigília atenta/vigia nossa memória". Na segunda estrofe o eu lírico reitera que a noite é para a mulher espaço/tempo de recordações, pois "há mais olhos que sono". Ao suspender as lágrimas, as mulheres interrompem o lapso (esquecimento) e reconstroem sensações e lembranças pela via da memória.

Na terceira estrofe do poema é construída uma imagem de valorização da mulher por meio da imagem feminina infantil. As "meninas luas" que são nomeadas pela voz lírica do poema, "Ainás, Nzingas e Ngambeles", representam todas as filhas que são a alegria na vida de uma mãe, pois são capazes de afastar "os nossos cálices de lágrimas".

Não poderíamos deixar de lembrar que Ainá é o nome da filha de Conceição Evaristo. A poeta, ainda, dedica à filha um outro poema intitulado *Menina, no qual a voz lírica revela o desejo de descrevê-la em seus "desconcertantes mistérios"*.

No poema em análise, assim como no poema *Eu-mulher, o eu poético faz uma descrição de aspectos físico-biológicos que envolvem o gênero*: "vaginas abertas", "sangue-mulher", "líquido lembradiço" para evidenciar, como afirmamos, a fertilidade feminina como símbolo de resistência, como observamos nos três últimos versos do poema: "Um fio invisível e tônico/pacientemente cose a rede/de nossa milenar resistência".

Para Evaristo as mulheres negras são guardiãs da memória de seu povo, assim, o poema foi escrito em homenagem à Maria Beatriz Nascimento, intelectual, ativista e escritora que marcou a história das mulheres de nosso país.

Beatriz Nascimento nasceu em Sergipe, em 12 de julho de 1942, e teve a vida ceifada violentamente em 28 de janeiro de 1995, quando defendia uma amiga que tinha um companheiro violento.

A produção intelectual de Beatriz Nascimento se estende ao longo de 20 anos, entre 1974 e 1994. A autora alcançou relativa visibilidade intelectual e política em vida, no entanto, não se tornou uma autora reconhecida nos círculos hegemônicos dos estudos raciais no Brasil. Alex Ratts, em artigo publicado na revista *Eparrei*, fala sobre a importância dessa ativista negra nos estudos relativos ao gênero e à raça:

> Há que se reconhecer que, como uma das protagonistas, ela palmilha, sedimenta e constrói em grande parte o espaço que hoje alcançamos nas questões étnico-raciais: a realização e ampliação dos estudos raciais por pesquisadoras(es) negras(os); a presença negra discente e docente nas universidades; a história da população negra brasileira e seus vínculos diversos e contraditórios com as sociedades africanas; a interrelação entre temas como identidade, raça, sexo, corpo, cultura e espaço; a correlação, nem sempre afinada, entre pensamento e ativismo negros. Para criticá-la em sua busca de uma verdade histórica (que é, de fato, uma disputa de interpretações com a historiografia hegemônica) e do tratamento aparentemente essencialista de certos temas (que ela muitas vezes relativiza), devemos lê-la e ouvi-la em primeiro lugar (RATTS, 2005, p. 51).

A noite não adormecerá jamais nos olhos das mulheres que, assim como Beatriz Nascimento, deixaram suas contribuições na história de nosso país a partir de suas experiências enquanto mulheres, negras e oriundas das classes populares.

O poema *Pedra, pau, espinho e grade* parte do memorável verso de Carlos Drummond de Andrade "No meio do caminho tinha uma pedra". Drummond, que é um dos poetas mais conhecidos do modernismo, marcou a literatura brasileira por expressar de maneira inspiradora as profundas inquietações que atormentam o ser humano. Evaristo, ao retomar de forma intertextual o verso de seu conterrâneo, reforça a necessidade de traduzir em versos as dificuldades e os obstáculos que homens e mulheres negras enfrentaram e enfrentam em suas vidas, mas, ao mesmo tempo, revelando a esperança e a capacidade de resistir nas situações mais hostis. Vejamos o poema:

Pedra, pau, espinho e grade

"No meio do caminho tinha uma pedra",
Mas a ousada esperança
de quem marcha cordilheiras
triturando todas as pedras
da primeira à derradeira
de quem banha a vida toda
no unguento da coragem
e da luta cotidiana
faz do sumo beberagem
topa a pedra pesadelo
é ali que faz parada
para o salto e não o recuo
não estanca os seus sonhos
lá no fundo da memória,
pedra, pau, espinho e grade
são da vida desafio.
E se cai, nunca se perdem
os seus sonhos esparramados
adubam a vida, multiplicam
são motivos de viagem
(EVARISTO, 2008, p. 24).

  O poema é formado de uma única estrofe com um conjunto de vinte versos que apresentam rimas consoantes no terceiro e quinto versos: cordilheiras/ derradeira; e no sétimo, nono e vigésimo versos: coragem/beberagem/viagem. Embora o poema seja formado de uma estrofe, percebemos uma divisão: os primeiros dezesseis versos apresentam uma reflexão que parte das experiências cotidiana e da dureza da vida e os quatro últimos correspondem à conclusão do poema, onde o eu lírico nos conduz a um aprendizado: nas dificuldades da vida, não perdemos nossos sonhos, eles se multiplicam e nos conduzem na caminhada.

O título do poema é formado por quatro substantivos "Pedra, pau, espinho e grade", que representam os obstáculos da vida cotidiana. Observamos a ênfase na palavra "pedra", cuja dureza e imutabilidade é contestada nos versos "triturando todas as pedras" e "topa a pedra-pesadelo" e nos remete a uma lição de superação das intempéries cotidianas. No entanto, não poderíamos esquecer de mencionar a palavra "grade", dotada de grande significação, pois representa tanto a prisão (falta de liberdade) a que os homens e mulheres negras foram submetidos no passado quanto as prisões (cárceres) abarrotadas de negras e negros marginalizados.

A ideia de "resistência" está contida em todos os poemas de Evaristo, uma vez que a resistência é símbolo de toda a luta da população negra, primeiro contra o processo de escravização e mais tarde contra todos os "frutos" desse processo: a marginalização, o racismo, a violência, entre outros. Os negros não foram submissos, ao contrário disso, encontraram formas de resistir, de derrubar barreiras: pedras, paus, espinhos e grades do caminho.

O eu lírico do poema em apreço aposta na "ousada esperança" e nos "sonhos esparramados", estes são para ele os "motivos da viagem". Assim, quem tem esperança e sonha é capaz de persistir e vencer as dificuldades da vida.

Sobre o processo intertextual presente no poema, Souza (2006) ressalta que o diálogo intertextual com textos canônicos permite recriar as imagens até então instituídas para a personagem negra e consequentemente a recriação de uma autoimagem positiva para homens e mulheres negras. Assim:

> Um diálogo que, se por um lado evidencia o desejo de inserção no conjunto de textos da literatura brasileira, por outro lado demonstra a ambiguidade desta inserção: além de buscar refazer o desenho e o modo de atuação da personagem negra, tem por objetivo incentivar o 'leitor provável' a proceder alterações nas suas auto-imagem (sic) e na sua percepção nas relações raciais do país (SOUZA, 2006, p. 123).

Dessa forma, Conceição Evaristo, através de sua sensibilidade e subjetividade, cria um mundo poético que parte da experiência vivenciada. Esse tem por objetivo contribuir para possíveis mudanças, principalmente no que diz respeito à construção de autoimagens positivas para a população afrodescendente.

No poema *Todas as manhãs* a voz lírica traz para a cena poética sua rotina ao amanhecer. Assim, constrói imagens que problematizam tanto o momento em que vive quanto as experiências passadas e as possibilidades futuras de um novo tempo. Vejamos o poema:

Todas as manhãs

Todas as manhãs acoito sonhos
e acalento entre a unha e a carne
uma agudíssima dor.
Todas as manhãs tenho os punhos
sangrando e dormentes
tal é a minha lida
cavando, cavando torrões de terra,
até lá, onde os homens enterram
a esperança roubada de outros homens.

> Todas as manhãs junto ao nascente dia
> ouço a minha voz-banzo,
> *âncora dos navios de nossa memória.*
> E acredito, acredito sim
> que os nossos sonhos protegidos
> pelos lençóis da noite
> ao se abrirem um a um
> no varal de um novo tempo
> escorrem as nossas lágrimas
> fertilizando toda a terra
> onde negras sementes resistem
> reamanhecendo esperanças em nós
> (EVARISTO, 2008, p. 13).

O poema é formado por uma estrofe com vinte e um versos e não apresenta rimas. Do primeiro ao décimo primeiro verso, observamos que a voz poética está em primeira pessoa. Do décimo segundo verso até o final do poema, a voz poética remete à coletividade: *nossos sonhos, nossas lágrimas, esperanças em nós*. Trazendo à tona, por meio da reinvenção poética, uma memória coletiva que traduz a experiência vivenciada pelo povo negro.

Vários são os elementos simbólicos presentes no poema. Nos versos "ouço a minha voz-banzo,/âncora dos navios de nossa memória", a voz-banzo a que o eu lírico se refere funciona como elo entre elementos passados e presentes. A palavra "banzo" é uma expressão que representa a nostalgia que acometia os escravos trazidos da África. Refere-se, ainda, à aversão à privação da liberdade praticada contra a população negra no Brasil. Ainda, o banzo foi uma forma de resistência à escravidão, pois constituía um protesto caracterizado por uma greve de fome. O eu lírico, ao ouvir a voz-banzo, retira a dor, a saudade, a nostalgia do espaço das lembranças, trazendo-a para o momento presente.

No poema em apreço, entre os recursos que a poeta lança mão para manipular as palavras está a recorrência. A expressão "Todas as manhãs", que dá título ao poema, inicia versos que se remetem às dores e aos sonhos presentes no dia a dia dos afro-brasileiros. O eu lírico projeta a realização dos sonhos que estão escondidos e protegidos "pelos lençóis da noite". Ao utilizar o símbolo "noite" como lugar de proteção, a poeta subverte os sentidos hegemônicos que o relacionam sempre de forma negativa. O verso destacado acima, "pelos lençóis da noite", também remete aos lençóis estendidos nos varais como fruto do trabalho das lavadeiras, trabalho desempenhado por muitas mulheres negras para o sustento de suas famílias. Já no verso "no varal de um novo tempo", percebemos à possibilidade de concretização dos sonhos, espaço de mudanças, pois vivemos em um tempo/espaço diferente, em outro contexto histórico.

A voz lírica traz para a cena poética o signo "terra" no verso: "cavando, cavando os torrões da terra". Esse signo representa o trabalho escravo nas lavouras. Não podemos esquecer que os africanos foram trazidos para nosso país contra a sua vontade, foram separados de sua gente e obrigados a trabalhar em condições subumanas. Isso constitui um dado histórico carregados de drama e de dor, sem dúvida.

No final do poema o eu lírico aponta para a esperança. As lágrimas fertilizam a terra onde "negras sementes" resistem. A expressão "negras sementes" funciona como uma metáfora para homens e mulheres descendentes de escravizados que todas as manhãs acalentam as possibilidades de mudanças por meio da esperança e da resistência que representam o impulso de vida.

A escrita de Evaristo adquire um sentido de resistência e militância ao reinterpretar a história brasileira através de uma lente feminina e negra e nos conduzir a um mergulho que navega da memória individual para a coletiva. Ao assumir esse compromisso, que é em si uma ação política, Evaristo o faz transbordando lirismo, através de uma linguagem que é ao mesmo tempo delicada e pungente.

5. Considerações finais

A literatura negra ou afro-brasileira apresenta em seu cerne um discurso construído através da visão de homens e mulheres negras sobre a história, a cultura, os valores e a trajetória de africanos escravizados e seus descendentes no Brasil. Refletir sobre o conceito dessa literatura, bem como traçar uma síntese de seus precursores e precursoras, se fez importante, uma vez que a escritora Conceição Evaristo se insere nesse contexto de produção textual.

Conceição Evaristo tem a experiência como mola propulsora de sua produção poética, que se traduziu num conceito base de sua produção literária, chamado de escrevivência. Esse conceito traduz as experiências vivenciadas pelos negros, sobretudo pela mulher negra, sendo sua obra marcada, também, por questões que se referem ao gênero. Essas questões se refletem, principalmente, na construção de identidades negra e feminina diferentes das hegemonicamente traçadas, pois a arte poética, transgressora por natureza, insinua novas possibilidades de leituras quanto à representação das negritudes construídas longe de estereótipos e institui um discurso que se contrapõe ao já estabelecido.

Nesta luta para pôr em cena o orgulho de ser negro, de ser mulher negra, pela valorização da história e cultura, pela problematização das questões que permeiam raça e gênero e para a constituição das identidades afrodescendentes, é crescente a participação das mulheres escritoras. No âmbito da literatura afro-brasileira, há uma luta para consolidar uma tradição literária feminina e negra que vem desde a publicação de Úrsula (1859), de Maria Firmina dos Reis, na qual se agregam escritoras como Carolina Maria de Jesus, Geni Guimarães, Cristiane Sobral, Conceição Evaristo, entre outras. As escritoras negras vêm conquistando um espaço bastante significativo na atualidade, o que mostra que a literatura afro-feminina, por meio de suas escritoras, está disposta a buscar seu direito a ter voz e vez, traçando, assim, estratégias de permanência no âmbito literário nacional.

A literatura afro-brasileira traz em seu bojo um compromisso de traçar uma identidade negra, o que implica, principalmente, em respeitar e valorizar as peculiaridades étnicas, explorando no campo da subjetividade as vivências dos afrodescendentes. Valorizando, ainda, a importância da contribuição do negro e da cultura africana para construção de nossa sociedade. Nesse ínterim, a literatura afro-feminina pode ser considerada como um retrato dos valores e a vida da população negra do Brasil a partir da ótica feminina e negra.

Os escritos das mulheres negras reagem contra os estereótipos que foram criados ao longo dos tempos, que retratavam a imagem da mulher negra sempre de forma depreciativa, e lutam pela valorização da cultura e história dos afro-brasileiros, colocando a mulher como sujeito discursivo. Desta forma, constitui-se o que chamamos de literatura brasileira afro-feminina. É instaurado um discurso onde há a valorização da autoimagem positiva da mulher negra e se estabelece sua afirmação enquanto pessoa consciente tanto sobre os dramas vividos pelas mulheres negras na atualidade, como o racismo, a violência, a opressão, quanto da luta e da resistência que permeiam a vida dos afro-brasileiros.

Na escrita afro-feminina de Conceição Evaristo, especificamente em sua poesia, as vozes líricas desenham discursos que representam mulheres politizadas e insubmissas. Mulheres que, na luta diária, mostram toda a resistência histórica de seus antepassados e que se constituem moral e intelectualmente independentes, pois a escritora prima por uma poesia que seja comprometida com os ideais emancipatórios, antipatriarcais e antirracistas.

Por meio de notório diálogo com a escrita de Geni Guimarães e de Cristiane Sobral, percebemos que as escritoras negras, ao tematizar as experiências, angústias, desejos, as vivências que dizem respeito ao machismo, ao sexismo e à violência sofrida pelas mulheres negras, o fazem como forma de contribuir para correção e revisão dos problemas pelos quais elas ainda sofrem. Dessa forma, busca-se reverter estereótipos que depreciam as mulheres e estabelecer a construção de identidades positivas que valorizem a mulher negra em sua essência e contribuam para uma conscientização de seu importante papel na construção desta sociedade.

Diante do abordado, fica a sensação do inacabado. Sabemos que a produção poética de Conceição Evaristo não é vasta, sabemos também que a própria autora declarou em entrevista preferir seus contos à sua poesia, o que não a torna melhor contista que poeta. A percepção sensível que permite a autora retratar a existência difícil (de luta e resistência) de personagens femininas afrodescendentes pela via da escrevivência é o que faz de Evaristo uma grande escritora, seja na poesia, no conto, no romance ou em outros gêneros que escreve.

Além do que foi visto, não poderíamos esquecer que a linguagem poética permeia toda a obra da autora. Como afirma Otávio Paz (2012, p. 22) "quando a poesia se dá como condensação do acaso ou é uma cristalização de poderes e circunstâncias alheias a vontade do poeta, à vontade criadora do poeta, deparamos com o poético". Assim, leitores e pesquisadores vivenciam a experiência singular de captação de um projeto literário de uma mulher negra, oriunda das classes populares, habitado pela poesia.

Embora tenhamos acompanhado na contemporaneidade um crescente interesse pela literatura afro-brasileira e pela escrita de mulheres negras, ainda são poucas as investigações que caminham na direção de um discurso poético pautado na afro-feminilidade. Certamente reconhecemos que Conceição Evaristo é uma das autoras negras da contemporaneidade de maior visibilidade, no entanto, tem sua obra poética pouco estudada. O papel da escrita de Evaristo se volta para a reconstrução dos papéis desempenhados principalmente pela mulher afrodescendente, uma vez que a autora deixa evidente em seus escritos que não se desvencilha de sua condição de negra, mulher, oriunda das classes populares. A análise de seus poemas nos permitiu uma revisão da memória e da história dos afrodescendentes sob a ótica de uma escritora negra que traz em sua veia poética um discurso de etnicidade e gênero.

O estudo e a degustação da poética de Conceição Evaristo nos possibilitaram uma (re)atualização da consciência, principalmente no que diz respeito à existência do racismo, da desvalorização do corpo, das subjetividades maculadas e de todas as formas de preconceito e discriminação a que as mulheres negras estão expostas. Ao construir novas poéticas e semânticas, a autora questiona, critica e problematiza as vivências da mulher negra e, consequentemente, consegue subverter este cenário de exclusão.

Assim, este livro teve a intenção de contribuir de maneira significativa, trazendo para a discussão uma poética de resistência que busca a afirmação da identidade da mulher negra. Ademais, também tem a intenção de provocar outros sujeitos para novas pesquisas, na busca de responder novas questões e possivelmente preencher as lacunas desse debate.

Referências

ARRUDA, Aline Alves. Conceição Evaristo. In: Duarte Eduardo de Assis (Coordenação). **Literatura afro-brasileira**: 100 autores do século XVIII ao XXI. Rio de Janeiro: Pallas, 2014, p. 142-146

BARBOSA, Marcio. Questões sobre literatura negra. In: _____. **Reflexões sobre a literatura afro-brasileira**. São Paulo: Quilombhoje. Conselho de Participação e Desenvolvimento da Comunidade Negra do Estado de São Paulo, 1985.

BARBOSA, Maria José Somerlate. Prefácio. In: EVARISTO, Conceição. **Ponciá Vicêncio**. Belo Horizonte: Mazza Edições, 2003. 128 p.

BAUMAM, Sygmunt. **Identidade**: entrevista a Benedetto Vecchi Tradução de Carlos Alberto Medeiros. Rio de Janeiro: Zahar, 2005

BOSI, Alfredo. A escrita dos excluídos. In: _____. **Literatura e resistência**. São Paulo: Companhia das Letras, 2002.

CAMARGO, Oswaldo de. **O negro escrito**. São Paulo: Impressa oficial do Estado, 1987.

CANDIDO, Antônio. **O estudo analítico do poema**. 3 ed. São Paulo: Humanitas Publicações, 1996.

CANDAU, Joel. **Memória e identidade**. Tradução Maria Letícia Ferreira. 1 ed. 3ª reimpressão. São Paulo: Contexto, 2016.

COELHO, Nelly Novaes. **A literatura feminina no Brasil contemporâneo**. São Paulo: Siciliano, 1993.

CORTÊS, Cristiane. Diálogos sobre escrevivência e silêncio. In: DUARTE, Constância Lima; CORTÊS, Cristiane; PEREIRA, Maria do Rosário A. (Org.). **Escrevivências**: Identidade, gênero e violência na obra de Conceição Evaristo. Belo Horizonte: Idea, 2016. p. 15-29

_____. Cristiane Sobral. In: Duarte Eduardo de Assis (Coordenação). **Literatura afro-brasileira**: 100 autores do século XVIII ao XXI. Rio de Janeiro: Pallas, 2014. p. 256-259.

COSER, Stelamaris. Circuitos transnacionais, entrelaçamentos diaspóricos. In: DUARTE, Constância Lima; CORTÊS, Cristiane; PEREIRA, Maria do Rosário A. (Org.). **Escrevivências**: Identidade, gênero e violência na obra de Conceição Evaristo. Belo Horizonte: Idea, 2016. p. 15-29.

CUNHA, Diva. Auta de Souza. In: DUARTE, Eduardo Assis; FONSECA, Maria Nazaré Soares (Org.). **Literatura e afrodescendência no Brasil**: antologia crítica. Belo Horizonte: Editora UFMG, 2014. p. 253- 261.

CUTI, Luiz Silva. **Literatura negro-brasileira**. São Paulo: Selo negro, 2010. Coleção consciência em debate.

DEL PRIORE, Mary (Org.). **História das mulheres no Brasil**. 8 ed. São Paulo: Contexto, 2006.

DUARTE, Eduardo de Assis. O *Bildungsroman* afro-brasileiro de Conceição Evaristo. **Revistas de Estudos Feministas**, Florianópolis, v. 14, n. 1, p. 305-323, jan./abr. 2006. Disponível em: <http://www.scielo.br/scielo.php?script=sci_arttext&pid=S0104-026X2006000100017>. Acesso em: 18 jan. 2017.

_____. Maria Firmina dos Reis. In: _____ (Coordenação). **Literatura afro-brasileira: 100 autores do século XVIII ao XXI**. Rio de Janeiro: Pallas, 2014. p. 54-58.

_____ (Org.). **Literatura e afrodescendência no Brasil**: antologia crítica. Belo Horizonte: Editora UFMG, 2011. 4 v.

_____. Por um conceito de literatura afro brasileira. In: _____; FONSECA, Maria Nazaré Soares (Org.). **Literatura e afrodescendência no Brasil**: antologia crítica. Belo Horizonte: Editora UFMG, 2011. v. 4. p. 245- 278.

EVARISTO, Conceição. Depoimento. Entrevista a Conceição Evaristo por Assis Duarte, nov. 2006. In: DUARTE, Eduardo de Assis (Org.). **Literatura e afrodescendência no Brasil**: antologia crítica. Belo Horizonte: Editora UFMG, 2014. v. 4. p. 103-116

_____. Questão de pele para além da pele. In: RUFFATO, Luiz (Org.). **Questão de pele**: contos sobre o preconceito racial. Rio de Janeiro: Língua geral, 2009.

_____. Literatura negra: uma poética de nossa afro-brasilidade. **Scripta**, Belo Horizonte, v. 13, n. 25, p. 17-31, 2º sem. 2009.

_____. Conceição Evaristo por Conceição Evaristo. Depoimento concedido durante o I Colóquio de Escritoras Mineiras, realizado em maio de 2009, na Faculdade de Letras da UFMG. Minas Gerais, 2009.

_____. **Poemas das recordações e outros movimentos**. Belo Horizonte: Nandyala, 2008.

_____. Da grafia-desenho de minha mãe; um dos lugares de nascimento de minha escrita. In: ALEXANDRE, Marcos Antônio (Org.). **Representações Performáticas Brasileiras**: teorias, práticas e suas interfaces. Belo Horizonte: Mazza Edições, 2007. p. 16-21.

_____. Breves Reflexões sobre a literatura afro-brasileira. **Revista Olonadé** – O teatro dos comuns. Rio de janeiro, 2007

_____. Uma escre(vivência) de dupla face. In: MOREIRA, Nadilza Martins de Barros; SCHNEIDER, Diane (Ed.). **Mulheres no mundo, etnia, marginalidade e diáspora**. João Pessoa: Ideia, 2005, p. 201- 212.

_____. Vozes mulheres. In: SANTOS, Luiz Carlos dos (Org.). **Antologia da Poesia Negra Brasileira**: O negro em versos. São Paulo: Moderna, 2005. p. 74.

_____. **Cadernos Negros 19**: poesia. São Paulo: Quilombhoje, 1996.

FANON, Frantz. **Pele negra, máscaras brancas**. Tradução Adriano Caldas. Rio de Janeiro: Fator, 1983.

FANTINI, Marli. Machado de Assis. In: DUARTE, Eduardo de Assis (Org.). **Literatura e afrodescendência no Brasil**: antologia crítica. Belo Horizonte: Editora UFMG, 2011. v. 1, p. 143-171.

FERREIRA, Ligia F. **Primeiras Trovas Burlescas de Luiz Gama.** São Paulo: Martins Fontes, 2000.

FONSECA, Maria Nazaré Soares. Literatura Negra: sentidos e ramificações. In: DUARTE, Eduardo de Assis; e FONSECA, Maria Nazaré Soares (Org.). **Literatura e afrodescendência no Brasil**: antologia crítica. Belo Horizonte: Editora UFMG, 2011. v. 4. p. 245-278.

GAMA, Luiz. Quem sou eu? In: SANTOS, Luiz Carlos dos (Org.). **Antologia da Poesia Negra Brasileira**: O negro em versos. São Paulo: Moderna, 2005 p. 33.

GUIMARÃES, Geni Mariano. Integridade. In: SANTOS, Luiz Carlos dos (Org.) **Antologia da Poesia Negra Brasileira**: O negro em versos. São Paulo: Moderna, 2005. p. 78.

GOMES, Heloisa Toller. "Visíveis e Invisíveis Grades": Vozes de Mulheres na Escrita Afrodescendente Contemporânea. **Literafro**, p. 01-10, s.d. Disponível em: <http://www.letras.ufmg.br/literafro/arquivos/autoras/AlineFrancaArtigoHeloisa.pdf>. Acesso em: 17 out. 2015.

GOMES, Ana Laudelina Ferreira. Auta de Souza: uma poeta de múltiplas marcas culturais. **Revista da FARN**, Natal, v.6, n. 1/2, p. 161-181, jan./dez. 2007. Disponível em <www.revistaunirn.inf.br/revistaunirn/index.php/revistaunirn/article/download/.../142>. Acesso em: 13 nov. 2006.

HALL, Stuart. **A identidade cultural na pós modernidade.** 12 ed. Trad. Tomaz Tadeu da Silva. Rio de Janeiro: Lamparina, 2015.

_____. Que "negro" é esse na cultura negra? In: _____. **Da diáspora Identidades e Mediações culturais**. Belo Horizonte: UFMG, 2006, p. 335-349.

IANNI, Otávio. Literatura e consciência. In: DUARTE, Eduardo de Assis (Org.). **Literatura e afrodescendência no Brasil**: antologia crítica. Belo Horizonte: Editora UFMG, 2011. v. 1. p. 183-198.

JESUS, Carolina Maria de. **Quarto de despejo**. 8 ed. São Paulo: Ática, 2000.

LAJOLO, Mariza. Carolina Maria de Jesus. In.: DUARTE, Eduardo de Assis (Org.) **Literatura e afrodescendência no Brasil**: antologia crítica. Belo Horizonte: Editora UFMG, 2011. 2 v. p. 439-445.

LIMA, Mônica. Heranças africanas no Brasil. **Revista Olonadé**: A cena negra Brasileira. Rio de Janeiro: Cia dos comuns, 2010.

LOPES, Elisangela Aparecida. A importância da leitura e da escrita para Carolina Maria de Jesus: uma análise do seu quarto de Despejo. In: DUARTE, Constância Lima (Org.). **Fala dos outros**: literatura gênero e etnicidade. Belo Horizonte: Nandyalla, 2010. p. 171-177

LOBO, Luiza. Maria Firmino dos Reis. In: DUARTE, Eduardo de Assis (Org.). **Literatura e afrodescendência no Brasil**: antologia crítica. Belo Horizonte: Editora UFMG, 2011. v. 1. p. 111-126.

LE GOFF, Jaques. **História e memória**. Tradução de Bernardo Leitão. 4 ed. Campinas: Editora da Unicamp, 1996.

MACHADO, Bárbara Araújo. "Escre(vivência)": a trajetória de Conceição Evaristo. **História Oral**, v. 17, n. 1, p. 243-265, jan./jun. 2014. Disponível em: <https://daffy.ufs.br/uploads/page_attach/path/8310/ANEXO_II-_ARTIGO_SOBRE_CONCEI__O_EVARISTO_E_A_ESCREVIVENCIA.pdf>. Acesso: em 02 jan. 2017.

MARRECO, Maria Inês de Moraes. Investigando a história das mulheres. In: DUARTE, Constância Lima (Org.). **Fala dos outros**: literatura gênero e etnicidade. Belo Horizonte: Nandyalla, 2010. p. 235-243

MARQUES, Reinaldo Martiniano. Domingo Caldas Barbosa. In: DUARTE, Eduardo de Assis (Org.). **Literatura e afrodescendência no Brasil**: antologia crítica. Belo Horizonte: Editora UFMG, 2011. v. 1. p. 49-60.

MARTINS, H. Luiz Gama e a consciência negra na literatura brasileira. **Afro-Ásia**, Salvador, n. 17, 1996. Disponível em: <https://periodicos.ufba.br/index.php/afroasia/article/view/20858>. Acesso em: 05 fev. 2016.

MOLINA, Lívia Menezes da Costa. Maria Firmina dos Reis: 150 anos de pura ousadia. In: DUARTE, Constância Lima (Org.). **Fala dos outros**: literatura gênero e etnicidade. Belo Horizonte: Nandyalla, 2010. p. 320-325.

MOTT, Luiz. Rosa Egipcíaca: Uma Santa Africana no Brasil Colonial. Rio grande do Sul: **Cadernos IHU Idéias**, ano 3, n. 38, p. 01-26, 2005. Disponível em: <http://categero.org.br/wp-content/uploads/2010/10/21-PDF.pdf>. Acesso em: 04 fev. 2017.

MUZART, Z. L. Entre quadrinhas e santinhos: a poesia de Auta de Souza. **Travessia**, Revista do Curso de Pós-graduação em Letras, Florianópolis, n. 23: Mulheres - Séculos XIX. p. 149-153, 1991. Disponível em: <https://periodicos.ufsc.br/index.php/travessia/article/download/17168/15736>. Acesso em: 14 nov. 2014.

_____. Maria Firmina dos Reis. In: _____ (Org.). **Escritoras brasileiras do século XIX**. Florianópolis: Ed. Mulheres, 2000.

OLIVEIRA, Sílvio Roberto dos Santos. **Gamacopéia**: Ficções sobre o poeta Luiz Gama. Tese (Doutorado em Teoria e História Literária) – Instituto de estudos da linguagem, Universidade Estadual de Campinas. São Paulo, 2004.

PAZ. Octávio. **O arco e a lira**. Trad. Ari Roitman e Paulina Wacht. São Paulo: Cosac Naify, 2012.

PROENÇA FILHO, Domício. **Revista de estudos avançados**. USP, v. 18, n. 50, jan./abr.,2004.

RATSS, Alex. A trajetória intelectual ativista de Beatriz Nascimento. **Revista Eparrei**, Santos, Casa de Cultura da Mulher Negra, n. 8, p. 49-51, 2005.

RIBEIRO, Patrícia. A poética de Conceição Evaristo como uma incursão pelos caminhos da história. **Nossa EscreVivência**, 2013. Disponível em: <http://nossaescrevivencia.blogspot.com/2013/03/a-poetica-de-conceicao-evaristo-como.html>. Acesso em: 27 dez. 2016.

RIOS, Flavia. Carolina de Jesus na cena Cultural contemporânea. **Revista Palmares**: cultura afro-brasileira, Brasília, ano X, ed. 8, p. 60-65, nov. 2014.

ROCHA, Denise. Um canto à maternidade: eu-mulher, de Conceição Evaristo. In: DUARTE, Constância Lima et al. (Org.). **Arquivos femininos**: Literatura, valores, sentidos. Florianópolis: Ed. Mulheres, 2014.

SANTOS, Joel Rufino dos. **Carolina Maria de Jesus:** uma escritora improvável. Rio de Janeiro: Garamond, 2009.

SOBRAL, Cristiane. Petardo. In: SANTOS, Luiz Carlos dos (Org.). **Antologia da Poesia Negra Brasileira**: O negro em versos. São Paulo: Moderna, 2005. p. 78.

SOUZA, *Florentina; LIMA, Maria Nazaré (Org.).* **Literatura afro-brasileira**. *Salvador: Centro de Estudos Afro-Orientais; Brasília: Fundação cultural Palmares, 2006a.*

_____. **Afro-descendência em Cadernos Negro e Jornal do MNU**. *Belo Horizonte: Autêntica, 2006b.*

_____. Resenha de "primeiras trovas burlescas" de Luiz Gama. **Afro-Ásia**, Universidade Federal da Bahia, n. 24, 2000, p. 1-9

SILVA, *Jônatas Conceição da.* **Vozes Quilombolas**: *uma poética afro-brasileira. Salvador: Edufba: Ilê Ayê, 2004.*

SILVA, *Nelson Fernando Inocêncio da.* **Culturas e imaginário**: *um ponto de vista negro. Brasília: Fundação Cultural Palmares, 2014.*

SILVA, Tomaz Tadeu Identidade e diferença: uma introdução teórica e conceitual. In:_____ (Org. e trad.). **Identidade e diferença**: a perspectiva dos estudos culturais. Petrópolis: Vozes, 2014. p. 73-102.

SILVA, Marcos Fabrício Lopes da Silva. Por uma Poética da ancestralidade. In: DUARTE, Constância Lima; CORTÊS, Cristiane; PEREIRA, Maria do Rosário A. (Org.). **Escrevivências**: Identidade, gênero e violência na obra de Conceição Evaristo. Belo Horizonte: Idea, 2016b. p. 132-144.

SILVA, Maria Assunção Souza. Prefácio. In: EVARISTO, Conceição. **Histórias de leves enganos e pareçenças**. Rio de Janeiro: Malê, 2016a. p. 6-14.

SCHUMAHER, Schuma; VITAL BRASIL, Érico. **Mulheres negras do Brasil**. Rio de Janeiro: Senac Nacional, 2007. 496 p.

TEIXEIRA, Níncia Cecília Ribas Borges. A escritura feminina: Lya Luft e o sujeito no espaço literário. **Revista Mulheres**, ano 6, v. 1, 2002. Disponível em: <http://www.klickescritores.com.br/pag_materias/materias07.htm>. Acesso em: 23 set. 2015.

TELLES, Norma. Escritoras, escritas, escrituras. In: DEL PRIORE, Mary (Org.). **História das mulheres no Brasil**. 8 ed. São Paulo: Contexto, 1997. p. 401-442.

TRINDADE, Solano. Sou negro. In: SANTOS, Luiz Carlos dos (Org.). **Antologia da Poesia Negra Brasileira**: O negro em versos. São Paulo: Moderna, 2005. p. 62-63.

WOODWARD, Kathryn. Identidade e diferença: uma introdução teórica e conceitual. In: SILVA, Tomaz Tadeu (Org. e trad.). **Identidade e diferença**: a perspectiva dos estudos culturais. Petrópolis: Vozes, 2014. p. 07-72.

XAVIER, Elódia. Reflexões sobre a narrativa de autoria feminina. In: **Tudo no feminino**: a presença da mulher na narrativa brasileira contemporânea. Rio de Janeiro: Francisco Alves, 1991

Malê Editora e Produtora Cultural Ltda.
www.editoramale.com
contato@editoramale.com.br

Esta obra foi composta em Arno pro light 13 para a Editora Malê e impressa na RENOVAGRAF em São Paulo em janeiro de 2023.

SILVA, Maria Assunção Souza. Prefácio. In: EVARISTO, Conceição. **Histórias de leves enganos e pareçenças**. Rio de Janeiro: Malê, 2016a. p. 6-14.

SCHUMAHER, Schuma; VITAL BRASIL, Érico. **Mulheres negras do Brasil**. Rio de Janeiro: Senac Nacional, 2007. 496 p.

TEIXEIRA, Níncia Cecília Ribas Borges. A escritura feminina: Lya Luft e o sujeito no espaço literário. **Revista Mulheres**, ano 6, v. 1, 2002. Disponível em: <http://www.klickescritores.com.br/pag_materias/materias07.htm>. Acesso em: 23 set. 2015.

TELLES, Norma. Escritoras, escritas, escrituras. In: DEL PRIORE, Mary (Org.). **História das mulheres no Brasil**. 8 ed. São Paulo: Contexto, 1997. p. 401-442.

TRINDADE, Solano. Sou negro. In: SANTOS, Luiz Carlos dos (Org.). **Antologia da Poesia Negra Brasileira**: O negro em versos. São Paulo: Moderna, 2005. p. 62-63.

WOODWARD, Kathryn. Identidade e diferença: uma introdução teórica e conceitual. In: SILVA, Tomaz Tadeu (Org. e trad.). **Identidade e diferença**: a perspectiva dos estudos culturais. Petrópolis: Vozes, 2014. p. 07 -72.

XAVIER, Elódia. Reflexões sobre a narrativa de autoria feminina. In: **Tudo no feminino**: a presença da mulher na narrativa brasileira contemporânea. Rio de Janeiro: Francisco Alves, 1991

Malê Editora e Produtora Cultural Ltda.
www.editoramale.com
contato@editoramale.com.br

Esta obra foi composta em Arno pro light 13 para a Editora Malê e impressa na RENOVAGRAF em São Paulo em janeiro de 2023.